日本の遺跡28

長崎出島

山口美由紀 著

同成社

現在の出島和蘭商館跡　西側から

伝川原慶賀筆『長崎出島之図』

復元されたカピタン部屋の大広間

カピタン部屋発掘調査時

整備された石垣

検出時の南側護岸石垣

復元された出島の町並み

堀状遺構と数条の管跡

出土した世界との貿易品

オランダ東インド会社の社章
（ＶＯＣ）入り染付芙蓉手皿

中国・景徳鎮製の
染付花卉文皿

イギリスの銅版転写
陶器染付中東文皿

目　次

カバー写真　現在の出島
装丁　吉永聖児

長崎出島

I　国際交流の舞台・出島

長崎駅から電車に乗り、港に沿って南下すると、川向こうに練塀に囲まれた和風建築物の一群が現れる。ビル群の一角に広がるこの空間が、国指定史跡「出島《でじま》和蘭《おらんだ》商館《しょうかん》跡《あと》」である。現在、二〇〇六年に完成された江戸時代の復元建物カピタン部屋を含む一〇棟とその建物の一部を囲う往時の石垣と練塀が、この地域のランドマークとなっている。

現在も行政区域の町名として残り、さらに市民の足として親しまれる電車の停留所名としても用いられる「出島」という呼称。現存する実際の史跡としての出島は狭小であるが、江戸時代に果たした役割は非常に大きく、その重要性から、現在も遺跡に対しての一般的な知名度は高い。この出島の発掘調査を行った。まさに、ここは宝箱のような島であった。

1　出島築造の背景

出島の立地　出島和蘭商館跡は、長崎市の中心部を流れる中島川の河口に位置する。中島川は、長崎の港に突き出した岬状の台地

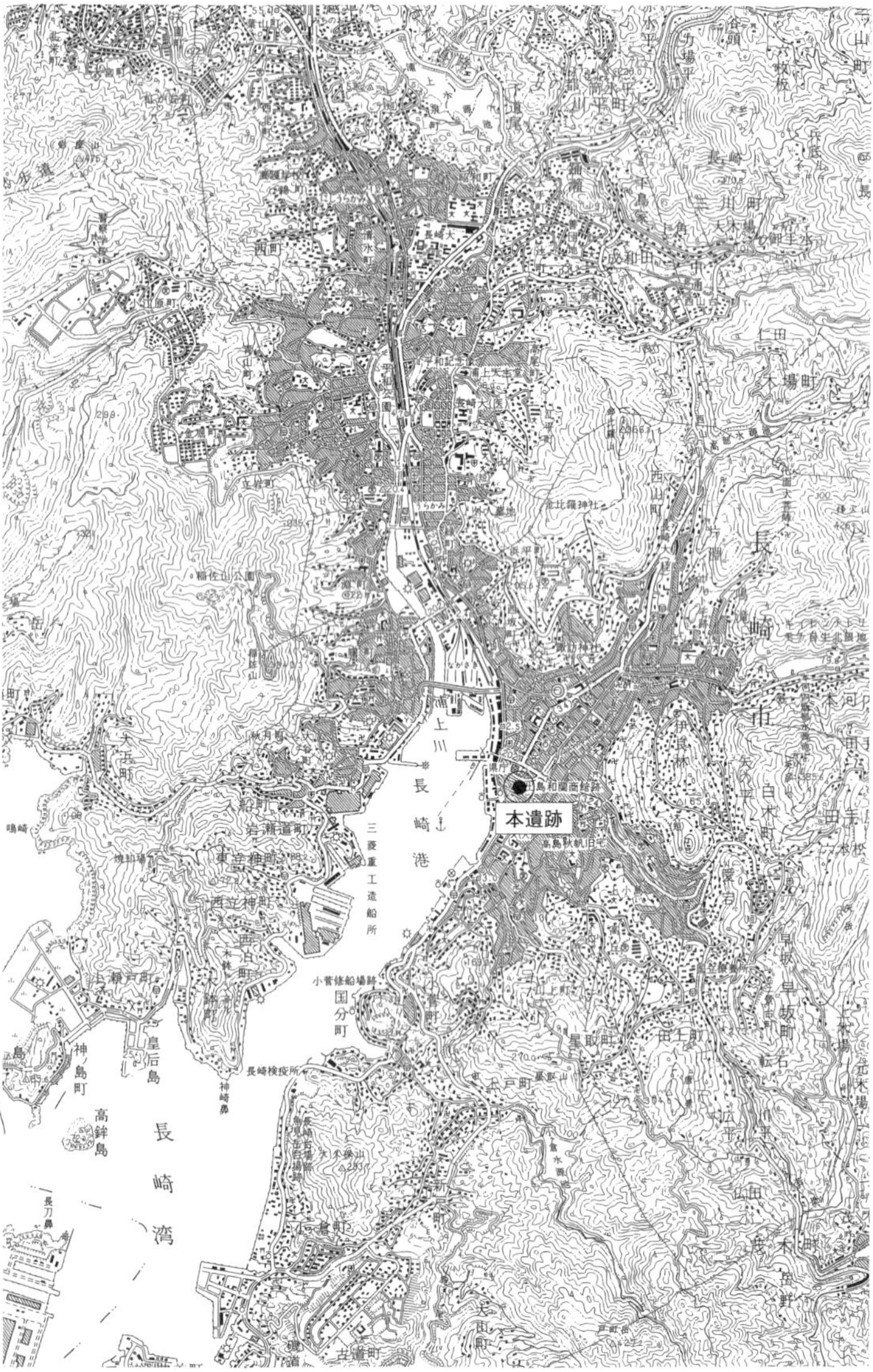

図１　出島和蘭商館跡の位置

に沿って、長崎の中心部を流れ、長崎湾に注ぐ河川である。一六三四（寛永十一）年、この河口部の一部を人工的に埋め立て、出島の築造が始められた。往時の面積は約一万五〇〇〇平方メートル、特徴的な扇の形をしていたことがよく知られている。

西欧との出会い

十五世紀末、ポルトガルやスペインは大海原に進出し、世界の海と大陸は貿易により繋がれた。西欧諸国は各地で勢力を競い、アジアやアフリカにおいて自国の拠点を拡大していった。そんななか、わが国の記録では、一五四三（天文十二）年種子島に漂着した一隻の唐船（中国船）に、二人のポルトガル人が乗船していた。有名な鉄砲伝来である。このポルトガル人の漂着によって、わが国はヨーロッパ世界とはじめて出会い、その後ポルトガルとの貿易が始まった。

一五五〇（天文十九）年には、ポルトガル船がはじめて平戸に入港した。その後ポルトガル船は、横瀬浦（現・西海市）、福田（現・長崎市）、口之津（現・南島原市）と来航する港を変えた。そして一五七〇（元亀元）年、戦国大名大村純忠によって長崎が開港され、翌年長崎に六つの町がつくられると、ポルトガル船が毎年のように入港するようになった。

長崎開港から出島築造まで

十六世紀中頃までの長崎は、寒村であったといわれている。この地に一五七一（元亀二）年、島原町、大村町、平戸町、外浦町、横瀬浦町、文知町の六つの町が建設されると、これ以降、ポルトガル船だけでなく、以前より交流があった中国船や日本の朱印船の寄港地として急速に町が拡大し、六町に引き続き、内町さらには外町といわれる町が次々に建設された。長崎の町は、しだいに貿易港として発展するなか、大村純忠が最初の六カ町と茂木をイエズス会に寄進し、町の各所に教会が建設され、キリスト教の中心地ともなった。

一方、オランダからは、一五九八年にロッテルダムを出航したデ・リーフデが、マゼラン海峡を経て日本にたどり着き、この漂着がきっかけとなり、日本とオランダとの貿易が始まった。

最初はキリスト教の布教を黙認していた徳川家康は、その後布教を禁止し始め、キリシタンの弾圧を開始し、一六一四（慶長十九）年国内にいた多くの宣教師やキリシタンをマニラに追放した。さらに徳川幕府は、一六一六（元和二）年になると唐船（中国船）を除く外国船の貿易港を長崎と平戸の二港に限定した。そのようななか、一六三七（寛永十四）年島原の乱が起き、ますます幕府はキリスト教への警戒を強めていった。

江戸幕府は、キリスト教の布教を禁止し、日本人との接触を断つためにポルトガル人の隔離政策をとり、長崎の有力町人二十五名の出資によって、中島川の河口部に人工の島をつくらせた。工事は一六三四（寛永十一）年に着工し、約二年の歳月をかけて一六三六（寛永十三）年に竣工した。その年の七月に入港した四隻のポルトガル船の乗組員八〇〇名が、この島の最初の住人となったと伝えられる。

一六三九（寛永十六）年、ポルトガル船の来航が禁止されると、出島は一時無人の島となったが、一六四一（寛永十八）年には平戸からオランダ商館が出島に移転された。この移転は、平戸のオランダ商館につくられた大型の石造建築物に使用を禁止されていた西暦年号が用いられたことによって、幕府がその取り壊しを命じるなど、オランダ人政策にもきびしい姿勢を取り始めたことに起因し、出島築造の際に出資した長崎町人らの強い要望でもあった。

以後、安政の開国までの二一八年間、出島は日蘭貿易の拠点となり、この島を窓口として、世界各国のさまざまな貿易品が輸入され、また西洋の学問や技術、文化が伝えられ、日本の近代化に大きな役割を果たした。さらに、日本国内の産物も海外に輸出され、鎖国下にあった日本を海外に知らしめる役目も負った。

地理的環境　出島築造の際の立地選定については、長崎の町からの監視が行き届く場所であるということ、また密貿易禁止のため、四方からの侵入が容易でない場所という条件が挙げられる。この二つの観点からみると、築造が行われた中島川河口部は、高台となる岬の台地の先端部（現在の長崎県庁付近）からの眺望がよく、周囲が海に囲まれているため、この条件を満たしていると考えられる。

出島地区の基盤岩は、長崎火山岩類に分類される安山岩質凝灰角礫岩であり、この上層に沖積層が分布する。沖積層は、砂礫層、砂層、粘土層が互層状に分布しており、これらの土砂は、河川と台地から供給されたと考えられる。このように出島は南東部の一部を除き、そのほとんどが砂層および砂礫層上、すなわち沈下の少ない良好な地盤上に造成されている。

出島の特徴的な扇形の形状については、陸地側（北側）は河川からの供給によって旧海岸線の地形にあわせて堆積していた砂層、砂礫層上に造成した結果、弧状をなしたと考えられる。また、海岸側（南側）は、地盤の良好な場所を選び埋立て面積を広くとった結果、弧状をなしたと考えられる。築造当初は自然な扇形であったが、その後西側部分に荷揚げ場が増築され、古絵図に描かれる突き出し部分をもつ姿になったことが、これまでの調査成果により判明している。

現在の出島は、中島川の変流工事によって、北側が削平され、さらに明治時代に行われた埋め立て工事により、町に埋もれた状態となり、旧来の形状を留めていない。このため、度重なる発掘調査では範囲確認とその形状の把握に努め、序々にその輪郭がとらえられてきた。

その後の出島

一六四一（寛永十八）年、平戸から長崎・出島にオランダ商館が移転されて以降、出島を舞台に長きに渡るオランダの日本における独占的な貿易が行われた。その後、安政の開国を迎え、出島の管理はオランダ領事館が行うこととなり、オランダ人以外の西洋諸国人も居住することとなった。出島の周囲は、しだいに埋め立てが進み、一八六六（慶応二）年には居留地に編入され、翌年には出島の南側に遊歩道が築足された。

一八八五（明治十八）年、中島川の変流工事によって出島の北側が約十八メートル削平され、さらに一八九七（明治三十）年から行われた長崎港湾改良工事によって出島の南側を中心に埋め立てが進み、出島は内陸化することとなり、扇形の姿を失った。

その後、一九二二（大正十一）年に出島和蘭商館跡として国指定史跡となり、現在にいたる。

2　世界史における位置付け

出島築造の背景には、当時の世界情勢が密接に関係している。この点から、その後の歴史的経過を含め、出島は日本国内の遺跡のなかでも、国際的な遺跡として数えることができる数少ない遺跡の一つであるといえよう。ここで、出島に商館を設けたポルトガルおよびオランダの当時の動静について、概要を述べる。

海洋王国ポルトガル

ポルトガルは、十五世紀末エンリケ航海王子の元、新大陸の発見を目的として海洋に船出した。大航海時代の幕開けであり、スペイン、ポルトガルがこの一時期を担った。その後百年ほどの間に、アフリカ、イスラム圏、インド、東南アジアに拠点を広げ、東アジアまでたどり着いた。

日本とポルトガルの出会いは、日本側の記録すなわち薩摩藩に伝わる「鉄砲伝来之記」によれば、一五四三年にポルトガル人が種子島へ漂着したことに始まるとされるが、ポルトガル宣教師の記録では、その前年一五四二年と伝えられる。その頃、ポルトガル商人は、すでに東南アジアや中国南部で精力的に活動しており、中国船に乗船することも、その交易活動の一環であったと思われる。ポルトガル商人の交易活動は、その土地の有力者と結びつき、情報を入手し、交易地内に足掛かりをつくる必要があったため、その土地に入り込み根付くことを目的としたキリスト教の布教活動と密接に結び付き、商船にはつねに宣教師が乗船していたといわれている。後に、一大交易拠点を築くマカオや、鹿児島、大分、宮崎など九州諸藩においても同様であった。

九州では南方の港町から先にポルトガル船が来航しており、長崎には、一五五〇年に貿易を目的としたポルトガル船がまず平戸へ入港し、本格的な交流が始まった。そして長崎の港には、一五七一年に初めて入港し、市中における貿易活動の展開にともない、南蛮文化が伝えられた。

オランダ東インド会社と出島

この頃、オランダでは、海洋国家としての新しい動きが始まっていた。

一六〇二年、オランダにおいて、世界ではじめての株式会社として連合オランダ東インド会社が

図2　オランダ東インド会社の社章VOC
出島庭園アーチ門より

設立された。この会社は、アムステルダム、ロッテルダム、ホールン、エンクハイゼン、ゼーランド、デルフトの六都市の出資により設立され、アムステルダムに本社を設けた。正式社名は、“De Vereenigde Nederlandsche Oost-Indische Compagnie”で、その頭文字三つをとったVOCを社章とする。この会社は、同時期に海外進出をかけて争ったイギリスと競合するなか、アフリカの喜望峰、インドネシアのジャカルタ（往時はバタビア）を中心とする東南アジア地域、台湾など各地に商館を設け、中継貿易を行った。

一六〇〇年デ・リーフデの大分、臼木への漂着に端を発する日蘭の出会いは、その後のキリスト教の禁止、日本人の海外渡航禁止へとつづく国内の動きのなかで、西欧諸国のなかで唯一、幕府によって公式に認められたオランダの独占的な貿易へと移行した。

正式に貿易相手国として認められたオランダであるが、その後の出島を介しての貿易品や文化、学術などの流入のなかで、当時世界各国で中継貿易を行っていたオランダであったからこその日蘭貿易であることが、発掘調査によって出土する資料の数々から、あらためて印象付けられる。出島では、当時のオランダ商館所在地もしくはその貿易拠点であった地域に由来するものが確実に出土し、アジアをはじめ、イスラムやアフリカ、ヨーロッパへと広がりを見せるのである。

持ち込まれたものがそうであるならば、出島を介して持ち出された輸出品も同じであり、東南アジアの拠点地域を中心にその供給地は多元的である。これらの流通経路は、当然、海路によるもので、大型帆船の操舵により、大量の物資の移動が可能になった時代に、大規模で多角的な物資の流通が行われた。そしてさらに各港町から内陸部に、陸路にて異国の文物が届けられたのである。このことが、世界的広がりをみせる出島の特長であり、遺跡の価値へとつながる。

3　港町長崎

近世の貿易港長崎

このような国際事情のなかで、大型帆船が入港でき、長年に渡る既得権力者がいない新しい町であった長崎は、新時代の貿易港としてまさに打って付けの場所であったといえる。日本国内においても、西の端というその立地は、古くより海から来る物や者に対し、非常に寛容な風土を持ちあわせており、自身が海を渡ることにも抵抗がなかった海民集団の居住地であった。さらに、江戸幕府や朝廷など、時の権力中枢から遠く離れた場所であることから、為政者は島原の乱のような諸問題勃発に際しても、直接的な被害を受けない。異国民を受け入れるには最適な、いわゆる切り捨てることが可能であった場所であるともいえる。

港町長崎を語る上で、オランダ以上に多大な影響を与えた国として、隣国中国があげられる。唐人屋敷、新地荷蔵を拠点とする中国貿易は重要であった。オランダと異なり、中国との貿易は朱印状にもとづく国家権力の公許によるものではなかった。しかしながら、これまでのわが国との関係上、貿易は徳川幕府の時代になっても認められ、長崎の唐人屋敷に居住区を設定されるなど、長きに渡る両国間の貿易が行われた。その貿易額は一般に、定高仕法が施行された一六八五（貞享二）年を例にとると、長崎におけるオランダ貿易が銀三〇〇〇貫目、中国貿易が銀六〇〇〇貫目というように、約二倍であったことがわかる。貿易額のみならず、外来人に対する処遇も、オランダ人と唐人（中国人）ではさまざまな面で異なり、唐人に対しての方が、禁止規定が緩やかであったといわれる。

長崎市中の都市構成

これら唐人貿易、日蘭貿易を基盤とする長崎の町の行政機構と、貿易にもとづく繁栄は長崎市中の近世遺跡から知ることができる。とくに、市内における公共工事を中心とした大規模な近世遺跡の発掘調査例により、その様相が明らかにされている。その内容は、唐人貿易、日蘭貿易のみならず、近世初期にさかのぼる南蛮貿易、御朱印船時代の貿易をも物語る。

一五七一（元亀二）年に新しい六町が建設された岬の台地上には、万才町遺跡や興善町遺跡が所在し、十六世紀末の長崎開港当初の貿易陶磁が出土する。この岬の突端から広がった町は、一六四一（寛永十八）年頃には四十八の町に拡大し、その後十七世紀後半には全部で八十カ町となり、貿易港長崎に必要な各施設を備えた機能的な町へ発展する。具体的には、岬の先端から延びる台地上の高台とそこから東西にひろがる丘陵部に、各種役所跡や豪商の町屋跡がみられ、当該地点が長崎の行政の中心地域であったことがわかる。さかのぼって十六世紀末には、この台地上はイエズス会に寄進され、要所にキリスト教の教会が建設された。その後禁教令のさなか、破却された教会跡地を占有する形で、江戸幕府における行政関連施設が設けられ、確実にその跡地は押さえられていった。さらに、町の拡大と各施設の機能拡張に際し、たとえば長崎奉行所や江戸会所など、最初に設けられた地点からさらに広い場所へと随時移転が行われ、十八世紀前半には機能の分化が進んだものと思われる。

また、九州諸藩の蔵屋敷が港沿岸部およびその近接地に設けられ、海岸の先端部に人工的な埋め立て地として築造された新地荷蔵や出島が配されている。港湾を利用した各種の船による物資の運搬システムにより、港沿岸の土地利用がなされたのであろう。さらに、江戸時代、町の拡大により頻発していた市中の火災から、積荷であった貿易品を守る必要もあり、蔵の機能を有する諸設備を市中の先端または市中から切り離された位置に設置していた。

唐人屋敷と出島については、それぞれ館内町、出島町として、市中の行政区分のなかに位置づけされ、それぞれに町乙名（長崎の町の地役人）が任命され、居住者や出入する人びとの人別改め、建物や外壁・道路などの補修、さまざまな貿易事務の記帳が行われた。

さらに、市中を離れ、港湾部に目を移すと、長崎への異国船出入りの警備を行う台場や番所、遠見番などの施設が配され、港町長崎の防衛システムの様相がわかる。

山間部や長崎郊外では、海路のみならず、日本各地への物資の供給という面で、陸路として整備された長崎街道が要所として目に留まる。

長崎市中の近世遺跡

これらの諸設備は、近年の市中各所の発掘調査により、具体的にその姿を明らかにしてきた。とくに出島以前に当たる近世長崎黎明期のポルトガル船来航時の遺跡における量、質ともに充実した貿易陶磁の出土傾向は、町が拡大する様をそのまま示

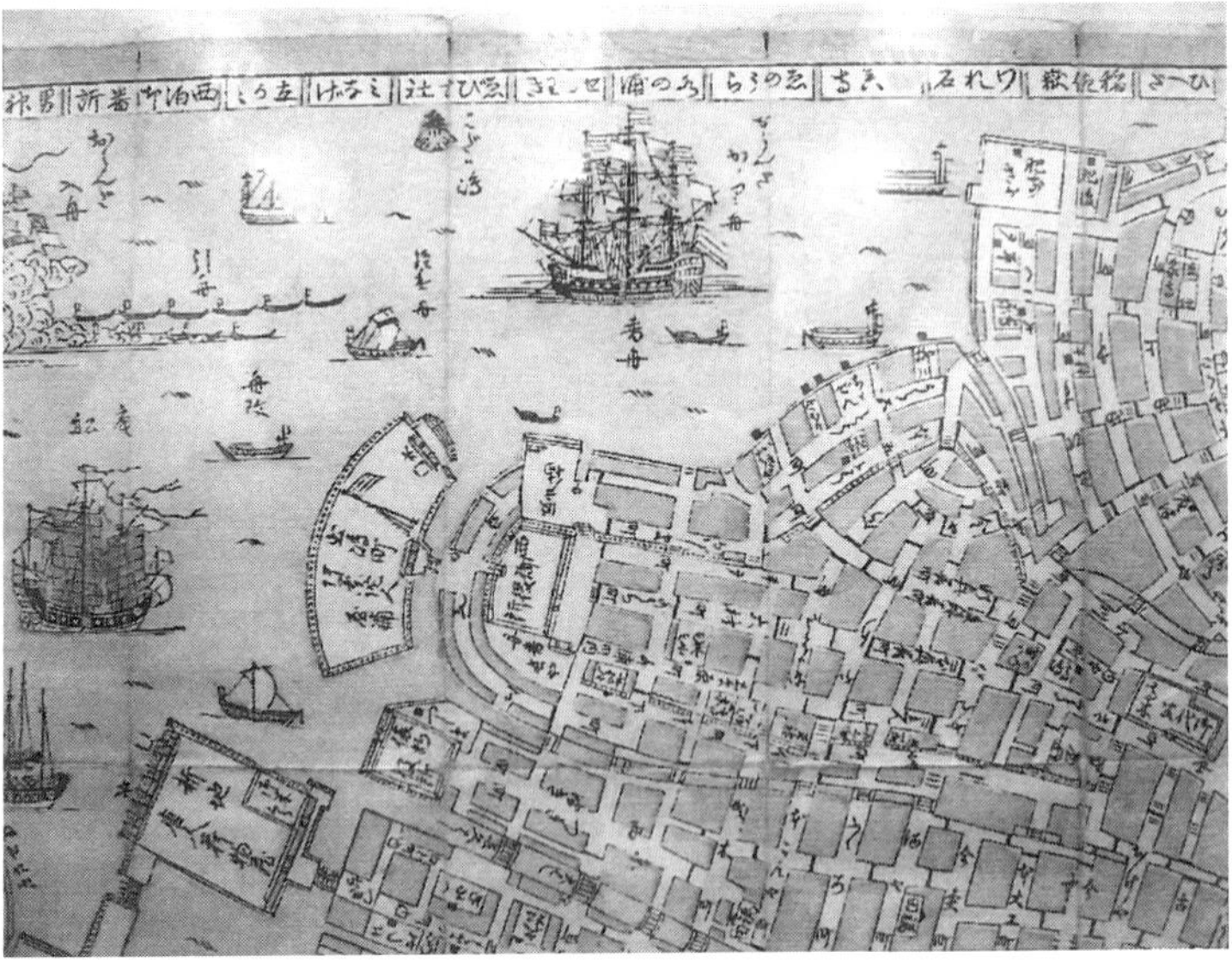

図 3　長崎古版画（勝山町文錦堂　享和 2 年刊）

しているように見受けられる。また、出島時代ともいえる十七世紀後半から十八世紀前半では、市中の遺跡からも輸出向けの肥前磁器が多数出土し、貿易で潤う町の様子がわかる。とくに十八世紀代は、貿易港としての町の行政機構が安定したなかで、流入した海外の文化と鎖国のなかで花開いた日本国内の文化が長崎市中の町屋で共生する様相を呈し、江戸時代の長崎の典型例としてとらえることができる数々の遺跡の調査例が報告されている。

　その後、十八世紀末から十九世紀前半においては、江戸期の生活文化を踏襲しつつも、異国の文物が「阿蘭陀渡り」という名目で生活のなかに取り入れられている状況が見られた。このように、海外情勢の変化はもとより、日本国内の社会情勢や爛熟した江戸文化の影響を受け、刻々と変化する長崎の姿が市中の遺跡の発掘調査により解明されている。

4　出島の史的変遷

一六三六（寛永十三）年の竣工以来、出島はその居住者の変更により、大きく三つの時代に区分することができる。ここでは、その史的変遷をポルトガル時代、オランダ時代、居留地時代の順で述べる。

(一)　ポルトガル時代

一六三六（寛永十三）年の竣工から二年後の国外退去時までに当たる。

実際にポルトガル人が入居したのは、出島が完成したその年の夏、来航したポルトガル船の船員およびそのときに市中に雑居していたポルトガル人を含めた八〇〇人といわれる。このときの出島内部の様子については、来航したキリスト教宣教師がその後に書き記した記録や、当時は出島に収容されず、市中にて自由貿易を行っていたオランダ商人の日記などからうかがうことができる。ただし、詳細な日本側資料はなく、建物の棟数やその役割などの具体的な状況は未解明である。

さらに、出島築造における記録、たとえば指揮官や石工などの手配、費用の内訳や工事手順書などの文献史料がなく、実際の工事の全容についても明らかにはされていない。この問題については、土木工学的なアプローチおよび近年の発掘調査成果などを踏まえ、具体的な成果の抽出を試みている現状にある。また、蘭学研究者らによる平戸オランダ商館時代の商館と長崎在住オランダ商人の書簡などの翻訳・研究が始められており、当時の様相が明らかになりつつある。

（二）オランダ時代

出島和蘭商館が設置され、日蘭貿易が行われた一六四一（寛永十八）年から出島和蘭商館が廃止される一八五九（安政六）年までの時代を指す。さらにこの時代を、オランダ東インド会社の解散にともない、商館組織が変化し、出島で発生した火災により商館内部の建物の半分が建て替えられ、様相が一変する一七九九年を境に二期に区分する。

オランダ時代前期

オランダ人が初めて出島に入居した一六四一（寛永十八）年から、オランダ東インド会社が解散した一七九九（寛政十一）年までの、オランダ東インド会社による商館運営の期間を中心とする。一七九八年には、出島西側を半分焼失する大火が起きているため、この時期までとその後では、建物の様相も一変し、まさにこの十八世紀末の数年が出島和蘭商館にとっての大きな転換期の一つであり、試練のときともいえる。

出島が描かれた絵図は各種あるが、十七世紀中葉頃の出島の絵は例が少なく、海外の文献史料のなかで、日本紹介の記事とともに、出島の絵姿が紹介されている例が知られている。これらは、オランダ東インド会社の記録やキリスト教宣教師がもち帰った記録からまとめられている。出島を象徴的に海外に紹介するには充分な記録であるが、実際に建物の配置や棟数などが合致しているかは定かではない。このため、ポルトガル時代と同様、出島内の建物やその他の構築物など、詳細な配置は不明であるが、出島におけるオランダ側の業務日誌が存在するため、文献史料は充実しているといえよう。十八世紀中頃については、火事直前の様相がわかる各種の絵画資料が伝世している。とくに火災による被害状況が記録されている

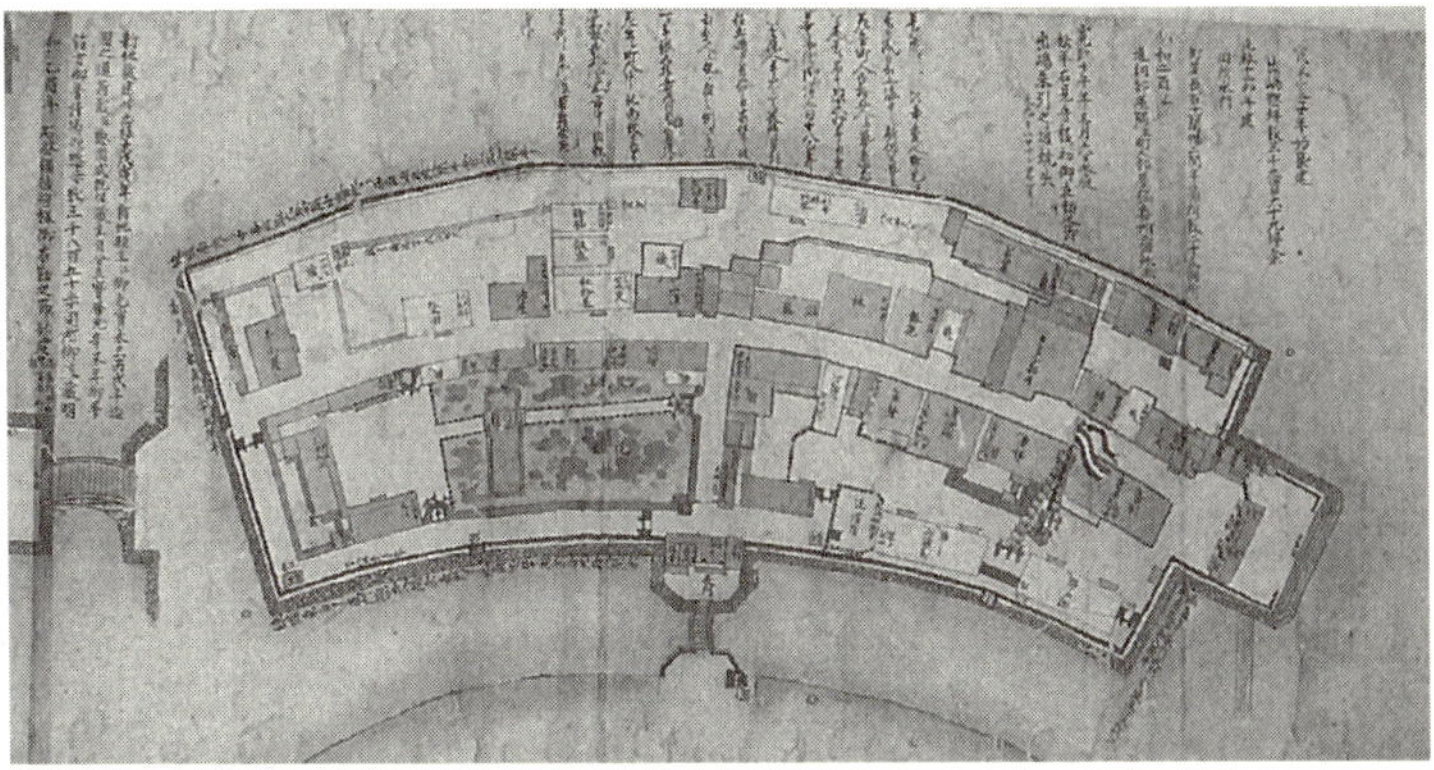

図 4　出島図　寛政の大火以前

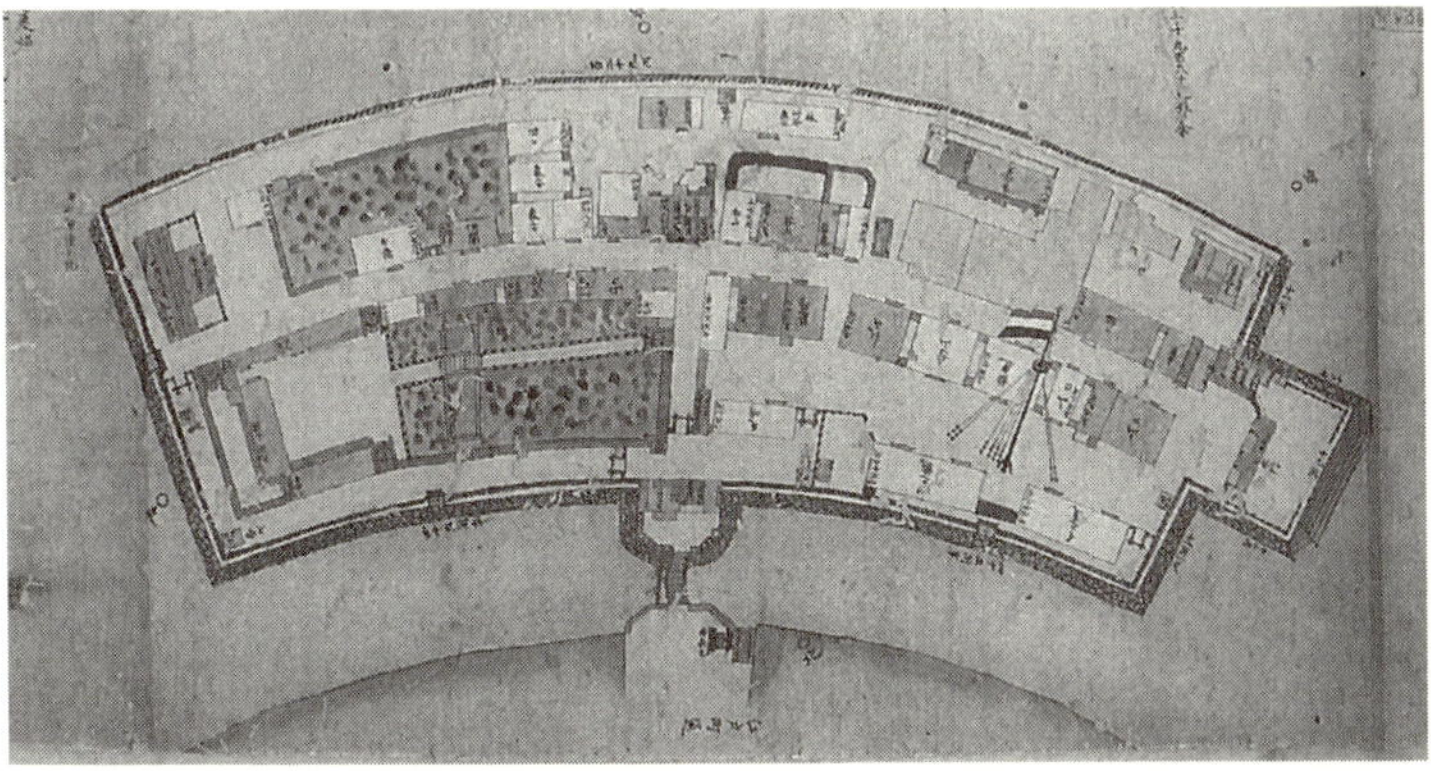

図 5　出島図　寛政の大火後

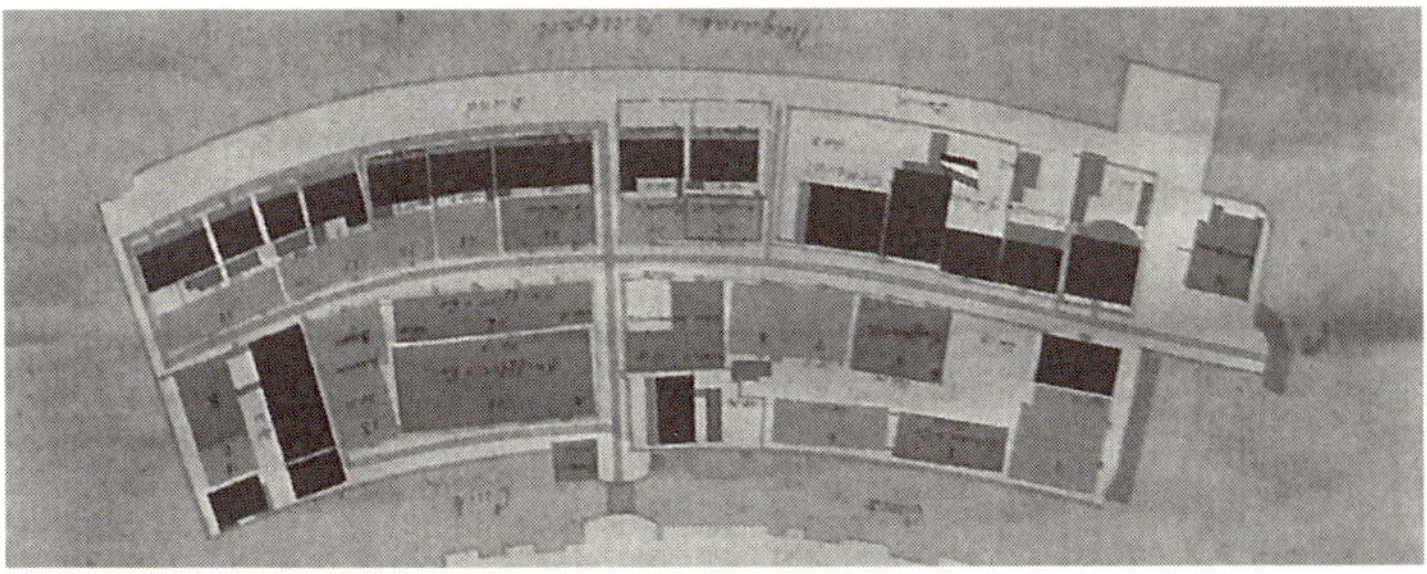

図 6　居留地時代の出島

ため、この直前の建物配置や規模、内容などが詳細にわかる。

日蘭の貿易内容としては、実際に貿易取引額がいちばん増大する好調期から、取引額が減少する低迷期にいたり、その後本社である東インド会社が解散するという一連の流れを含む時期区分となる。このため貿易内容の変化も著しい。

なお、出島の発掘調査では、十八世紀末頃までの土層を調査対象としている。

オランダ時代後期　オランダ東インド会社が解散し、会社および各地の商館がバタビア政庁の管理下に置かれる一八〇〇年以降から一八五九（安政六）年のオランダ商館廃止までにあたる時期。

オランダ本国がナポレオンに占領され、政情不安に陥り、オランダ王国がなくなるなか、世界各地のオランダ商館はバタビア政庁の管理下に置かれる。後にネーデルランド王国は復活するが、商館は国の管理下にあったため、出島に来航する商館員もこれまでの自由闊達な商人集団から、序々に政府関係者、軍関係者に変化する。この時期は、国際情勢の変化のなかでオランダが不利な立場に置かれ、日本への貿易船の派遣も滞る時期があり、また出島における日本貿易も衰えをみせ、まったく振るわなかった時代である。しかしながら、この時期、西洋諸国と日本との緊迫した関係のなかで、商館員らから得られる知識は、近代的な国家形成、軍備増強、医療などの分野で必要不可欠とされ、商館員と日本人の間が緊密になった時代でもある。

出島内部では、とくにイギリスによる各種の圧力や妨害によって、さまざまな事件が引き起こされる時期であった。また、一七九八年の火災後の施設の建替え、維持に取り組んだ事情はきびしく、商館の財政が困窮した時期でもあった。そのようななかで建て替えられた建物群が現在の復元建物にあたり、外構の要所に火災被害を抑える方策が採られていたことが発掘調査の結果判明した。また、十九世紀中頃になると、出島の建物の洋風化が進むため、江戸期の日本家屋らしさを残していたのは十九世紀前半までだったことがわかっている。

(三) 居留地時代

出島和蘭商館の廃止から、一八六六(慶応二)年の居留地への編入、その後明治時代に居留地としての役目を終えるまでに当たる。十九世紀中頃から、出島を取り巻く環境、情勢が刻々と変化し、それによって出島の内外の諸設備も変化する時期である。具体的には、建物の洋風化が進み、明治時代になると、洋館群が建設される。出島を囲む錬塀は撤去され、護岸の防波堤としての低い石塀が構築される。さらに出島の西側および南側が順次埋め立てられ、往時の扇形の形状が変化し、その後明治期の大規模な港湾改修事業により、出島の北側が削平され、南側および西側が大きく埋め立てられ、出島は陸続きになってしまう。この間に出島と市中を唯一結んでいた表門に架かる橋も撤去され、出島の東側から新地、大浦方面へ繋がる一連の橋が架設された。

発掘調査では、居留地時代に建てられた洋館群の礎石、トイレ、庭などの生活遺構も検出され、長崎開港によって、新文化が流入する様子の一端が確認されている。

Ⅱ　甦る出島

1　港湾の整備と失われた出島

港町長崎が機能的な港であり続けるため、江戸時代初期の開港以来、長崎港はつねに大小の埋立て、改良工事がくり返され、現在にいたる。江戸時代を通し、護岸の拡張や改修がなされてきたが、明治時代になって、さらに近代的な港を形成するため、二度に渡る大規模な港湾改良工事が行われた。

第一次長崎港港湾改修事業は、一八八二（明治十五）年に着手され、一八九三（明治二十六）年に竣工した。おもな事業として、湾奥部の沿岸の浚渫、大波止から湾奥部の沿岸の埋立て、中島川の変流が行われた。このうち出島にとって重要な事項である中島川の変流工事は、一八七七（明治十）年に内務省の楢林高之とデ・レーケによって長崎港とその周辺の調査が行われ、一八八二年の報告書にて、変流工事が提案されている。一八八六年より、実際に中島川の工事に着手し、一八八九年に竣工した。この工事によって、中島川の川幅が南側にとられ、その結果、対岸の江戸町側が

図7　出島の埋立て変遷図

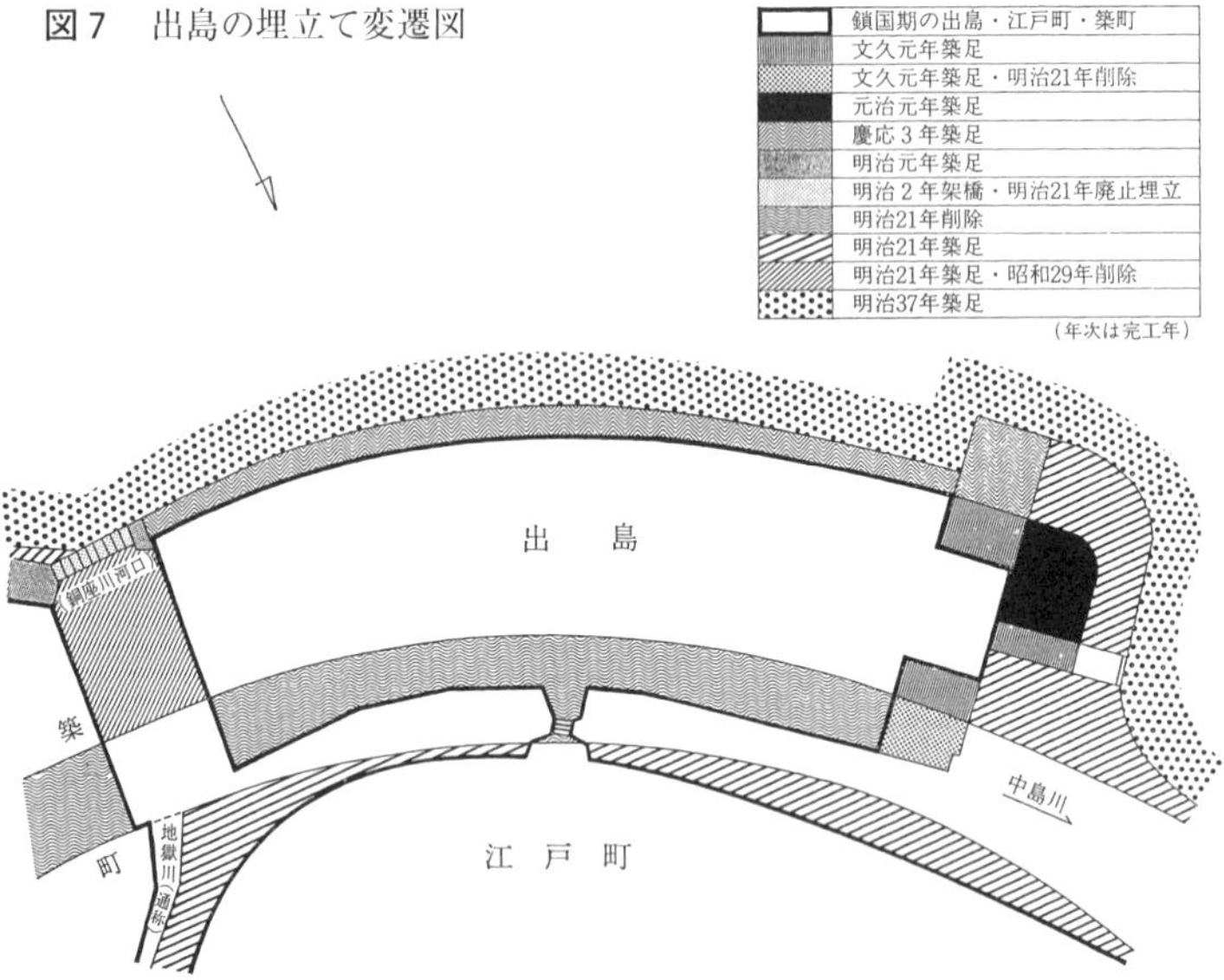

迫り出し、出島の北側が平均一八メートル削り取られることとなった。さらに一八八八（明治二十一）年には、出島の東側護岸石垣と対岸の築町側の間が埋め立てられ、出島は陸続きとなり、一八九〇年には新川口橋が新たに架設されている。

第二次長崎港港湾改良工事は、一八九七（明治三〇）年に着手され、一九〇四（明治三十七）年に竣工した。この工事で出島の南側はすべて埋め立てられ内陸化し、島としての姿は失われた。

現在、出島に来る見学者から、出島が狭いという感想を聞く機会が度々ある。実際のところ、江戸時代の出島よりも島としての面積は少なくなっているので、元より小さい島ではあるが、さらに狭小な印象を受けるのであろう。

出島の敷地内はというと、居留地時代になり、土地の所有が外国人にも認められるようになると、その一部が、序々に旧出島町人から、外国の貿易商人へと所有権や借地権が移り変わっていく。居住者は、英国人、オランダ人、フランス人、中国人など多岐に渡る。そのなかで、貿易を営む日本人経営者が拠点とする倉庫なども増え、しだいに貿易が衰退するなか、日本人の住居および店舗としての機能をもつ施設が多くなっていく。いずれにせよ、当初から町内の有力町人の手によって築造され、その後も出島町人が家主であった出島は、その系譜を引き継ぎ、その後も民間人の手により、活用された場所であった。

2　出島復元整備事業計画

整備計画の経緯

長崎市では、失われた往時の出島を現代に甦らせるべく、一九五一（昭和二十六）年より整備計画の策定に取り組んだ。整備事業に取り組んだ契機については、戦後の賠償問題のなかで、当時外交政策にあたっていた担当者間の会話のなかで、出島の復元につきオランダ側から要望があった旨の話が伝わっている。この件については、従前の文書および経緯の調査で、正式な外交文書としての記録がなかったことが報告されている。しかしながら、江戸時代から現在までの日蘭の四〇〇余年に渡る関係のなかで、両国にとって出島が重要な遺跡として位置づけられ、現在の復元整備などの取り組みがオランダにとって好意的に受け取られていることは周知の事実である。

一九七八年、長崎市出島史跡整備審議委員会を設置し、史跡整備の方針について検討を行った。委員には、国内の著名な日蘭研究家や長崎の政財界関係者が中心に選ばれ、復元の基本方針がこのなかでまとめられた。大きくは、十九世紀初頭の出島を完全復元するという方針が示され、その後の復元整備事業の大きな指針となっている。

その後、さらに第二次出島史跡整備審議会が設置され、一九九六年には審議会の答申を得て、本格的な復元整備事業、具体的な建造物の復元を打ち出した短中期計画と、出島の顕在化を基軸とした長期計画に着手した。

短中期整備計画　短中期計画は、二五棟の復元建物を建造する計画が中心となる。完成時期は、計画当初は二〇一〇年とうたっていたが、現在は経済状況の変化に合わせ、より現実的な内容へと見直しを行う予定である。出島の復元時期については、古絵図が比較的多く残され、オランダに往時の建物の模型が現存する一八二〇年代頃に設定されている。本計画では出島の西側から順に建造物の復元を行い、東側では今も現存する明治期以降に建てられた洋館群もあわせて活用を行う。

すでに二〇〇〇年四月に出島西側に五棟の建造物が完成し、二〇〇六年の春には、新たにつづく五棟の建造物が完成した。これらの整備は、それぞれ第Ⅰ期事業、第Ⅱ期事業と位置づけられ、この二つの事業の完成により、短中期計画の第一段階が終了したことになる。つづく第二段階は出島の中央部付近の整備、第三段階はさらに出島東側を中心とした整備が計画されている。

また、失われた扇形の出島の顕在化を行なうため、現在南側および西側の一部に堀をつくり、護岸石垣の整備を行っている。今後は出島の対岸にあたる江戸町側に向かい、出島と長崎の町とを結ぶ唯一の出入口であった表門橋の復元に取り組む予定である。

長期整備計画　長期計画では、さらに出島周辺の交通網の整備、中島川、銅座川の流路の変更により、出島の周囲を水面とし、

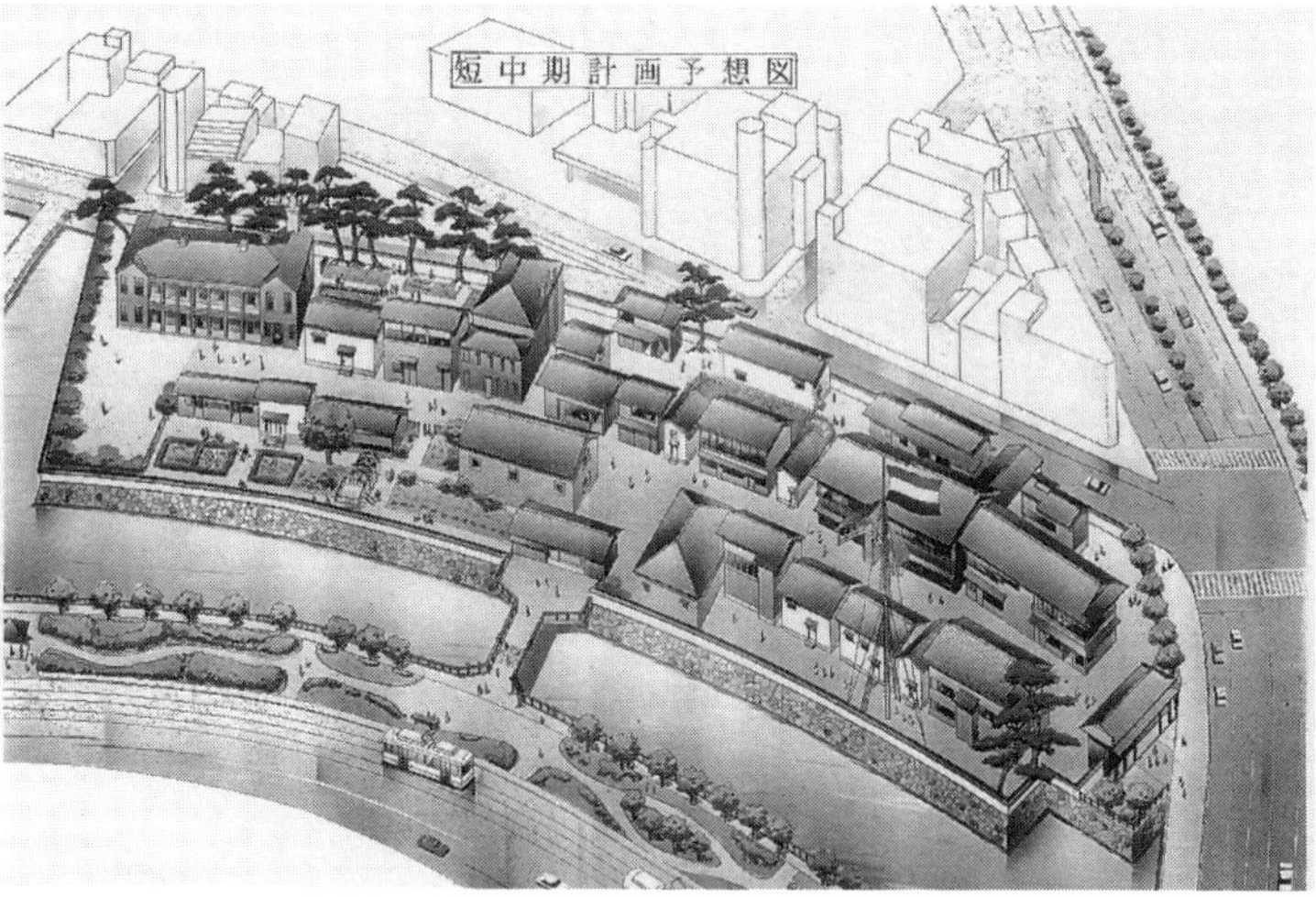

図8　短中期計画整備予想図

十九世紀初頭の海に浮かぶ出島を完全に再現することが目標として掲げられている。本計画を行うにあたっては、国道を含む出島周辺の交通網から見直す必要があり、さらに史跡外に当たる箇所の用地買収等も必要となってくるため、容易ではない。しかしながら、目標として掲げ、本来あるべき姿を打ち出すことによって、出島周辺で計画、展開される各種の長期的な事業と足並みを揃え、相互に情報提供を行い、前に進むべきであろうと考える。

用地の公有化

これらの事業の推進にあたっては、出島敷地内の用地の公有化が、優先的かつ重要な課題の一つであった。もともと出島は長崎の町人二五人の出資により築造された築島で、その後もポルトガル人、オランダ人に対して、借地料を設定し、出島家主としてつねにかかわりをもって運営されてきた歴史的経緯が

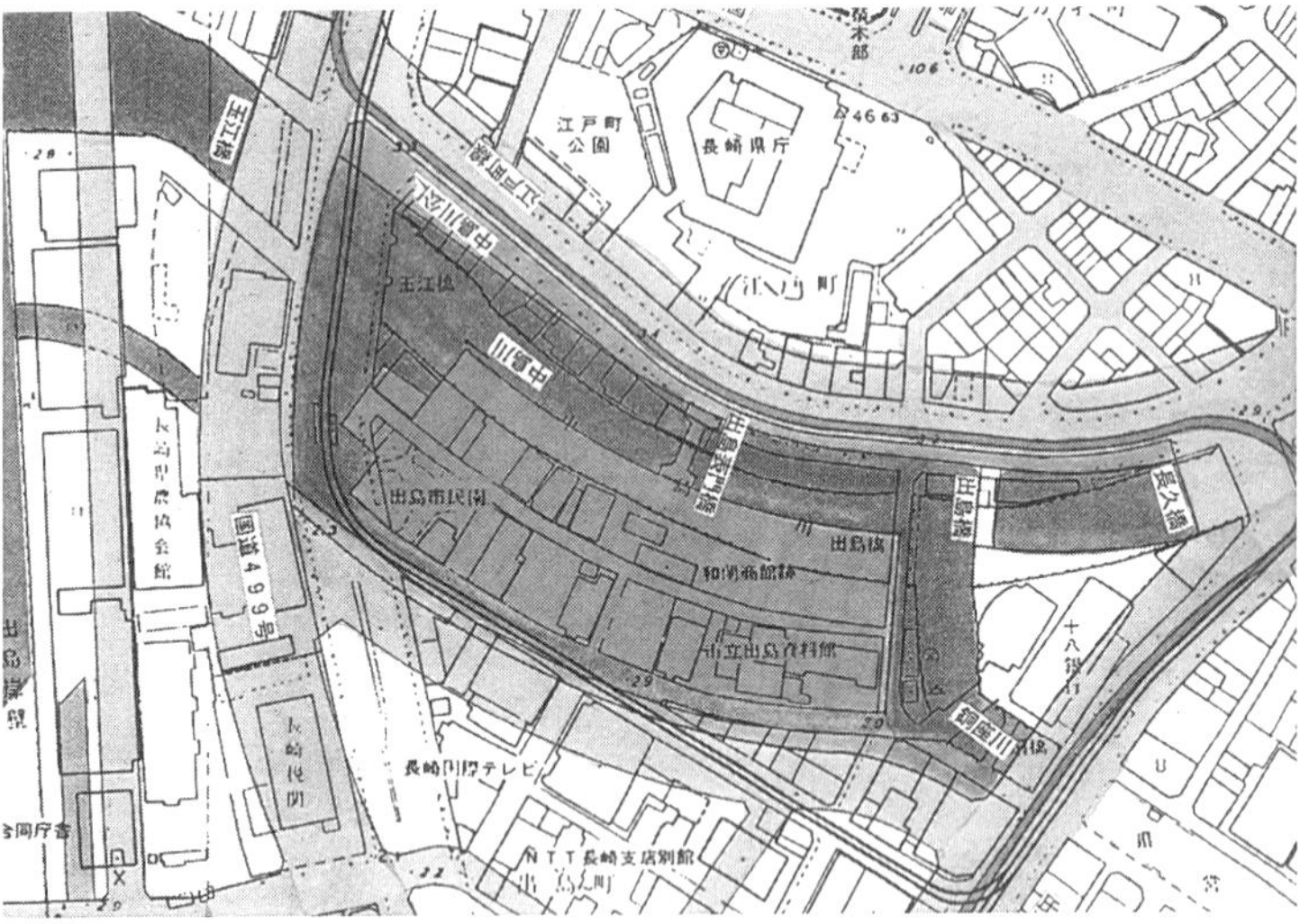

図９　長期整備計画

あった。それを引き継ぎ、オランダ商館が廃止され、居留地になって以降も、民間人がそれぞれ土地を所有する、まさに長崎の町人が権利をもつ島なのである。そのなかで史跡整備に取り組むにあたり、用地買収が進められた。その取り組みは、一九五二年に始まり、二〇〇一年に敷地内のすべての用地の買収が完了した。五〇年に渡る用地公有化の取り組みは、出島の周辺環境をご存じの専門家の方からは、よくできたものだと感心される。長崎市の出島への取り組みと熱意、土地所有者の方々の理解と出島への想いをうかがいしることができるからであろう。

　出島の第Ⅰ期事業は、効果的な整備ができることを考え、この用地買収においてまとまった敷地面積を確保できた西側から取り組まれ、その後連続した町並みの整備を目指し、隣接地を計画地とした第Ⅱ期事業に着手した。現在の用地買収が完了した出島からは、想像するのはむずかしい状況であるが、第Ⅰ期からⅡ期にかけての一〇年間にいたる事業は、この用地買収の進捗状況と連動しながら、調査の計画、そして整備が進められたのである。

3　現在の整備状況

第Ⅰ期整備事業

一九九六年の答申を受け、長崎市は本格的に出島復元整備事業に取り組み、出島はふたたび往時の姿を取り戻しつつある。その年より着手した第Ⅰ期整備事業は、まず南側護岸石垣の発掘調査および敷地西側の発掘調査から始まった。この年、敷地内の調査で発見された柿右衛門様式の色絵輪花鉢は、まさしく出島の一時期の姿を表す資料であり、私たちに、これからの出島の発掘調査成果への期待を抱かせるものであった。この一九九六、七年度を中心とした発掘調査に続き、石垣の修復、顕在化、江戸時代の建物の復元が次々と設計、施工された。この頃、出島のリニューアルのタイミングは、日蘭修好四〇〇周年にあたる二〇〇〇年春に設定され、出島復元募金が立ち上がり、十億円を目標額とした寄付金が集められていた。そして第Ⅰ期事業が完成、二〇〇〇年四月から出島西側の復元建造物五棟（ヘトル部屋、一番船船頭部屋、料理部屋、一番蔵、二番蔵）が一般に公開された。さらに西側・南側護岸石垣の一部も復元され、往時の海に浮かぶ島の姿をあらわにした。

第Ⅱ期整備事業

続く第Ⅱ期事業は、二〇〇一年から着手された。本事業は、大きく三つの柱となる事業に分けられる。一つは失われた出島の扇形を取り戻すことを目標とした顕在化事業で、具体的には第Ⅰ期事業に引きつづき、南側護岸石垣の調査と整備が一三一メートルにわたり行われた。二つめは、十九世紀初頭の建造物の復元。すでに完成している五棟とあわせ、一〇棟の復元建造物が完成することにより、出島西側に往時の町並みが姿をあらわした。とくに第Ⅱ期では、中心的な建物であったカピタン部屋（商館長の居宅）や貿易品が出入りした水門の建設が計画された。三つめは、出島全体の展示活用計画、新しい建物の展示と旧施設の再活用である。

　これらの事業の推進にあたっては、二〇〇一年度から出島敷地内の発掘調査を開始し、二〇〇三年度から南側護岸石垣の発掘調査、修復工事に取り組み、その成果をもとに個別に設計を行った。

護岸石垣の顕在化

　石垣については、第Ⅱ期事業において南側護岸石垣の大々的な整備に取り組んだ。南側護岸石垣は、往時は海に面していたため、つねに潮の干満の影響を受け、台風時には荒波を受けた石垣である。最初に護岸石垣の位置や特徴を調べるため、石垣の発掘調査を行った。地下に掘り進むにつれ、潮の影響を受けるようになり、潮位にあわせた作業計画を立てる必要があった。調査の結果、石垣の残り具合は非常によく、調査区全域にわたり、下段から中段までの石積みが検出された。石垣の積み方や石材のもつ特徴などの調査とあわせ、石積みの孕み出しや破損状況、欠損部の確認など、修復に必要なデータの記録を行い、修復が必要な範囲を決定し、その部分のみ石垣の解体調査を行った。さらに石垣の裏込め工法や遺物の出土状況などから、往時の土木技術や石垣の破損履歴などがわかった。

　また、一三一メートルという非常に長い区間の調査を連続して行ったため、扇形の線形についても、まとまった観察、記録をとることが可能となった。

これらの調査成果にもとづき、検出した状況のとおりに石垣の積み直しを行うことを基本として、石垣の修復工事が行われた。さらに、上段の石垣が欠損している箇所については、既存の石垣を手本としながら、新補材による復元を行い、護岸石垣を完成した。

図10　整備された南側護岸石垣

石垣は、往時から今に残された遺跡の一部であり、出島和蘭商館時代の遺構が地表に残されていない現状において、本物の遺構といえる。このため調査から整備にかけて、出島の石垣がもつ特徴を損なうことがないよう充分な配慮を行い、すべての作業を実施した。現在、出島の外周を巡る歩道から、これらの整備された石垣を見ることができる。

図11　復元されたカピタン部屋

復元された建造物

新しく復元された五棟の建物は、カピタン部屋、乙名部屋、拝礼筆者蘭人部屋、三番蔵そして水門である。すでに一番船船頭部屋、ヘトル部屋、料理部屋、一番蔵、二番蔵の復元を完了していたため、商館員の居宅や輸入品を納める蔵の復元については、実績をもちあわせており、第I期事業における調査報告を充分活用することができた。建築構造として新しく取り組む必要があったのが、すべての貿易品が出入りした水門と日本人役人の詰所であった乙名部屋、そして出島の中心的な建物であったカピタン部屋であった。このうち、カピタン部屋については、ヘトル部屋と同様、建造物復元に際し、参考とする資料として上位に位置づけられている『ブロムホフの出島模型』(ライデン国立民族学博物館所蔵)が現存しないため、その他の資料、すなわち各種二階平面図や幕末期の古写真、絵画資料などを整理し、復元が行われた。

完成した建物は、建物の正面に三角屋根の階段があり、外壁にブラケット(壁付照明)が付き、バルコニーの手摺りには鮮やかなグリーンのペンキが塗られ、他の居宅とは趣きが異なる。室内には、さまざまな柄の唐紙《からかみ》が貼られ、重厚なつくりになっている。このカピタン部屋は出島への来客をもてなす迎賓館としての役割をもち、また商館長の居宅として私的な機能をも合わせもった建物であった。

これにくらべ、日本人役人の仕事場としての機能をもっていた建物が乙名部屋である。このためこの建物は、町屋風のつくりになっており、カピタン部屋とくらべたときにその違いがさらに浮き立つ。このように、出島内において貿易の拠点であった蔵、商館員の生活の場であった居宅、出入りした日本人役人の詰所など、さまざまな機能をもつ建物の復元を成し、その成果を蓄積することができた。

展示と活用

復元された新しい建物の展示、活用とともに、施設全体を新たに見直し、再構成を行った。これは、新規の五棟が加わることによって、見学者の動線が変化することから必然的に取り組んだことであった。出島内には、復元建物と明治期などの既存建物あわせて一五の建物がある。そこで、それぞれの館が明確にテーマをもちつつ、関連のある項目でリンクさせ、総合的に出島をとらえることができる内容構成を念頭に計画を進めた。

まず出島を大きく二つに分け、復元建造物が建ち並ぶ復元ゾーンと明治期以降の建物を活用した交流ゾーンに区分した。復元ゾーンでは建物、外構、内部の再現と総合的に十九世紀初頭の出島の復元に取り組み、往時の出島を体感できる空間作りを目指した。交流ゾーンは歴史的に価値のある洋館の活用と庭園の整備による憩いの場の形成、そして出島の整備を進めていくなかで明らかとなった研究成果の発表の場と位置付けられた。

そのなかで、復元建物については、生活再現展示とテーマ展示の大きく二つに分け、それぞれの建物の展示を行っている。生活再現展示では、十九世紀初頭の復元建造物に合わせ、同時期のある日に情景の設定を行い、調度品の配置を行った。シーンの設定を行ったことにより、これまでより人の動きがイメージしやすい空間をつくることを目指している。代表的な例として、カピタン部屋二階の大広間、一七・五畳の部屋、一五畳の部屋が挙げられる。この三つの部屋は、カピタン部屋という人が集まる空間であることから、シーン設定に公的な要素が強く出ている。このため、対照的に一番船船頭部屋の二階において、商館員や船長のプライベートな部屋を再現している。また、季節もカピタン部屋では秋から冬にかけての時期を想定しているが、船頭部屋では、交易期間中である夏を想定している。これらのオランダ商館員の居宅に対して、乙名部屋では日本人役人である乙名や組頭、番所役などの仕事内容がわかるよう再現展示を行っている。

テーマ展示では、貿易、蘭学、考古学、建築など、出島に関連するテーマごとに展示を行っている。おのおののテーマが出島が多面的なものであることを示し、さらに相互に関連付けることによって総合的な出島像がみえてくると考える。

たとえば、二番蔵は、貿易館と位置づけ、貿易と文化の交流として中継貿易により行き交った貿易品の実物資料や文化について紹介している。貿易については、日蘭貿易と称しつつも、その中身が世界各地に置かれたオランダ商館を拠点としたグローバルなものであったことを念頭にまとめて

図12　カピタン部屋　15畳の部屋

図13　拝礼筆者蘭人部屋　内部の様子

図14　出島神学校　体験展示室の様子

いる。

拝礼筆者蘭人部屋は、蘭学館と位置付け、出島を通じて紹介された蘭学、洋学について紹介している。蘭学については、有名な蘭学者を輩出した地域でも、それぞれ関連する展示を行っていることから、出島では、その日本における起源に重点を置き、出島の商館長、商館医、そして阿蘭陀通詞たちを中心に取り上げている。

旧石倉では、考古館と位置づけ、発掘調査により出土した遺物を中心に展示している。出島から出土した貿易陶磁や、オランダ商館員の暮らしぶりがわかる数々の資料を本館でみることができる。また、二階では出島の顕在化事業にともない、発掘調査された石垣について、その構造や修復の方法などの展示を行っている。

旧出島神学校では、企画展示室を設け年数回の企画展を実施している。体験展示室では、出島のビリヤードやバドミントンなどが体験でき、またウンスンカルタや江戸参府すごろくなど昔の遊びや出島をモチーフにしたゲームで、遊びながら学ぶことができる。

4 これからの整備予定

今後、復元整備事業は、短中期計画の次の段階である第二、第三段階に取り組む予定である。具体的には、出島中央部の整備、出島東側の整備である。また、出島の特徴的な土木構造物である出島橋の復元が今後の事業展開の目玉となろう。

出島敷地内の用地買収が完了したことは前項で触れたが、今後はより出島らしさを守っていくために、周辺の環境整備が必要である。ただし、街のなかに佇み、交通網の要衝であるこの地においては、さまざまなことに十分配慮した上での事業計画が必要である。出島の周囲については、すでに削平されている北側を除き、出島西側および南側につき、相当な規模の顕在化が進められた。今後は残された東側の顕在化が検討される予定であるが、中島川と銅座川の流路の接合箇所にあたるため、石垣の保全を含め、顕在化には充分な土木的考察、検討が必要である。長崎大水害のような自然災害をも想定した河川の整備とあわせた事業計画が必要となってくる。

Ⅲ　発掘調査と復元整備

1　出島の発掘調査経緯

出島和蘭商館跡の発掘調査は、大きく三つの段階に分けられる。

第一段階は、埋め立てられ、往時の範囲も不明瞭であった出島の輪郭を、少しずつ明らかにした一連の調査である。一九六九年に実施された出島南東角部の調査が、出島における初の発掘調査であった。長崎大学医学部坂田邦洋によって実施されたこの調査により、出島南東角部の石垣が検出され、その位置を確認することができた。その後、長崎市教育委員会は、一九八四年から三カ年をかけて出島の境界確認と範囲確定を目的とした範囲確認調査を行った。その結果、出島の東側、南側、西側の境界となる護岸石垣の一部が検出され、明治中期に埋め立てられた出島の範囲をほぼ明確にすることができた。

史跡内における調査は、一九八六年に、出島町九番地の調査が行われており、その際に旧牧師館の基礎遺構が検出された。さらにその下層に往時の生活面が遺存していることが推測されている。

発掘調査の着手　出島の境界確認と範囲確定
(1969年～1989年)

1969年　汚水工事に伴う南部石垣確認調査 1
1971年　建設工事に伴う南側護岸石垣裏込め調査 2
1984年～85年　範囲確認調査 3
1986年　改築工事に伴う発掘調査 4
1989年　表門復元に伴う発掘調査 5

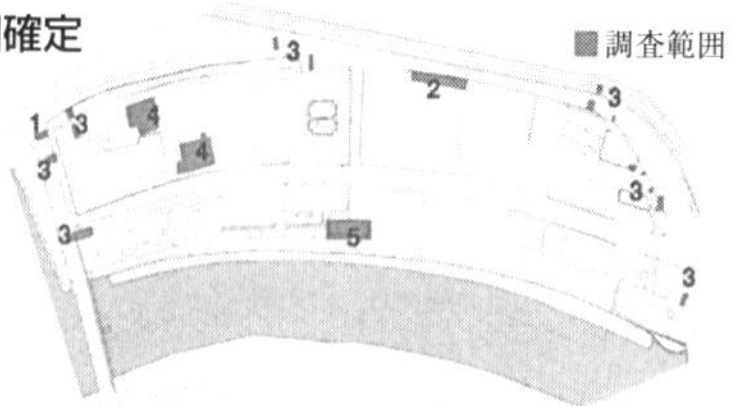

第Ⅰ期復元整備事業に伴う調査
(1996年～1999年)

1996年　南側護岸石垣調査・西側建造物遺構調査 6
1997年　西側護岸石垣調査・建造物復元に伴う調査 7
1998年　南側護岸石垣調査・道路遺構調査 8
1999年　史跡内整備事業に伴う調査 9-1
　庭園整備事業に伴う調査 9-2
　庭園整備事業に伴う確認調査 9-3

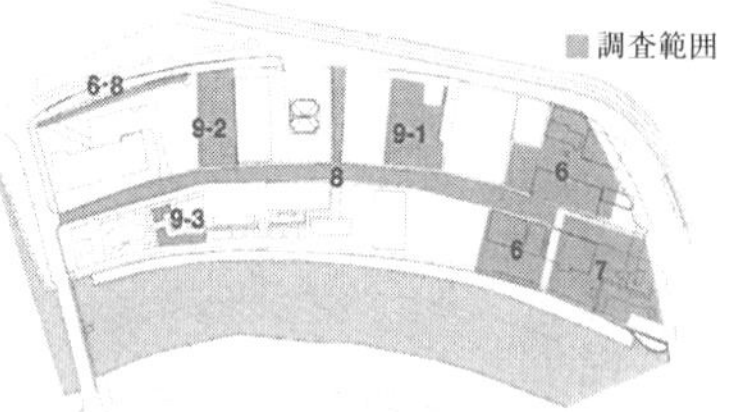

第Ⅱ期復元整備事業に伴う調査
(2001年～2005年)

2001年～03年　建物復元に伴う調査(第Ⅱ期) 10-1
　西側歩道部分調査 10-2
2001年～02年　南側護岸石垣確認調査 11
2002年～03年　建物復元に伴う調査(第Ⅱ期) 12
2002年　東側護岸石垣調査 13
2003年～05年　南側護岸石垣調査(第Ⅱ期) 14
2004年　慶応3年石垣確認調査 15

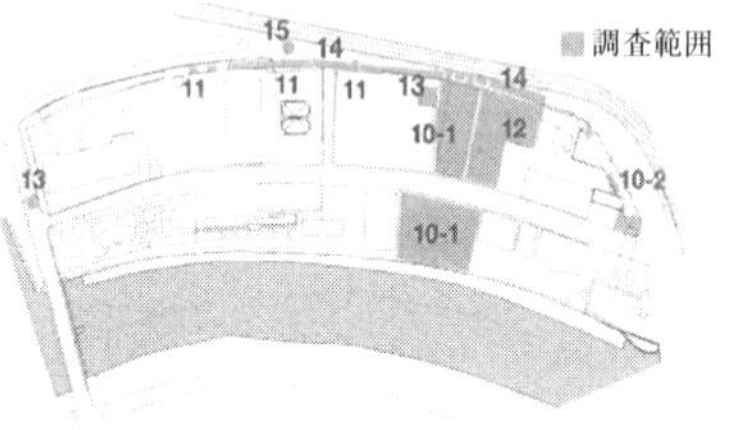

図15　発掘調査の概要

また、一九八九年には、表門の復元に先立ち、出島中央部中島川沿いの敷地の一部の調査を実施した。江戸時代には表門からの通路および庭園に相当する地点で、調査の結果、庭園の一部が確認された。

第二段階は、一九九六年度から本格的に取り組まれた建造物復元事業および出島顕在化事業にともなう出島の西側を中心とした一連の発掘調査である。この調査によって、一番蔵、二番蔵、一番船船頭部屋の各遺構が検出され、現在の建造物復元にいたった。これまでの第一段階の調査とは異なり、公有化が進むなかで、事業計画に沿って敷地の区画ごとに調査区の設定を行うことができたため、面的に遺構面を確認することが可能となり、飛躍的に発掘調査から得ることができる情報が増えた。

また、第一段階においてまとめられた出島境界ラインを踏まえ、南側および西側の護岸石垣の調査も平行して行い、当時の石積み技法および荷揚場の様相が明らかとなり、護岸石垣の復元にいたっている。

一九九八年度には、史跡内電線類地中化にともない、出島の中央を東西に延びる道路部分の調査を行い、当時の道路舗装面を確認した。また、一九九九年度には、カピタン別荘および庭園跡の調査を実施し、当時の庭園跡を検出した。

第三段階として、二〇〇一年度から着手した第Ⅱ期事業における三番蔵、拝礼筆者蘭人部屋、カピタン部屋、乙名部屋の調査が挙げられる。第三段階では、第二段階で検出された数々の遺構や膨大な出土遺物につき、新たな調査成果を加え、総合的に整理することが求められた。また、水門跡についても、一部未調査であった箇所の補足調査を行った。

顕在化事業については、敷地内の調査と平行し、南側護岸石垣の確認調査を行い、二〇〇三年から三カ年をかけて、本格的な石垣の発掘調査を実施した。約一三〇メートル《メートル》に渡る連続した石垣の発掘調査、解体調査および修復工事を行うなかで、出島の護岸石垣の特徴と変異の状況を把握することができ、その成果を事業に活かすことができた。

現在、事業計画としては次の段階に進むべきところであり、二〇〇六、七年には西側につづく出島中央部の確認調査に取り組んでいる。

二　オランダ商館の建造物

前項に述べた約半世紀に及ぶ発掘調査におい

て、さまざまな諸施設の遺構や護岸石垣が検出された。その内容は、大きく出島敷地内における建物や庭園、池などの諸設備に関する遺構と、出島を巡る護岸石垣に大別される。ここでは、敷地内部の発掘調査について、調査状況を概括し、遺構の性格ごとにまとめる。

(一) 建造物の構成

出島内の建物は、その種類、性格から分類すると、大きく「商館員の居宅」、「輸入品を納める蔵」、「日本人の管理用建物」、「商館側の管理用建物」に分けられる。以下にそれぞれの代表的な建物名称を例に挙げてみよう。

「商館員の居宅」は、商館長の居宅であったカピタン部屋やオランダ船の船長の居宅であった一番船船頭部屋、医師が居住していた外科部屋などが挙げられる。「輸入品を納める蔵」は、砂糖や蘇木(染料の原料)を納めていた一番蔵や二番蔵、本方荷物(商館が取引する貿易品)を納めるイ蔵、脇荷(私貿易品)を納めるロ蔵などが挙げられる。「日本人の管理用建物」は、表門や水門、番所などの人や物の出入りを管理し、その見張りを行う場所と、日本人役人や通詞、出島町人が出島滞在時に使用する事務所が該当する。最後に「商館側の管理用建物」は、日々の生活のなかで必要な施設、たとえば賄所である料理部屋や火消用具入れ、家畜を飼育していた牛小屋や豚小屋などが挙げられる。

このなかで、現在、建物遺構としては、出島西側を中心とした一九九六、七年度の第Ⅰ期事業における一連の調査、すなわち一番船船頭部屋、一番蔵、二番蔵の発掘調査によって、商館員の住居の遺構および蔵の礎石の一部が検出された。

つづく第Ⅱ期事業では、やはり商館員の住居の枠組みとしてとらえられるカピタン部屋や拝礼筆者蘭人部屋、輸入品を納める蔵であった三番蔵の遺構の一部を検出した。このほかに、日本人の管理用建物の範疇に入る乙名部屋、輸出入品が出入りする貿易門であった水門の調査が挙げられる。

これらの明らかになった特徴的な建物基礎構造について、項目ごとに述べる。

(二) 商館員の居宅

オランダ商館員が居住していた建物は、実際に出島に滞在した商館員の記録から、基本的に二階建ての建物で、一階部分が倉庫、二階部分が住居として使用されていたことがわかっている。また、毎年の船で交代する商館員は出島に上陸し、部屋が与えられるが、多数の船員については、出島内への滞在は許されず、船長のみが夏から秋にかけて出島への滞在が許され、部屋が与えられた。日本側の資料では、建物ごとに付されている名称が〇〇部屋とされるが、これは建物としては一棟一棟の家屋を指し示している。また、出島内における居住区は、その中心が出島の西側部分に配置され、扇形西半部の中央部に商館長の居宅カピタン部屋を配し、その周辺に順番に位の高いものから低いものへと居宅が並ぶ。そして、中央部に下位の商館員の居宅が配される。さらに、出島東側には、庭園などにカピタン別荘や花園玉突場などの別宅が準備されている。

出島の住居は和風建築を基本とする。これは、徳川幕府の命で洋風建造物の建築が禁止されたためであり、また、建物の所有者とそれをつくる大工が日本人であったことも影響する。

平戸オランダ商館時代、一六三九年という年号を付した大型石造倉庫が平戸のオランダ商館に建造されたが、その直後にキリスト教に由来する西暦年号が問題となり、大目付兼宗門改役の井上筑後守政重によって、家光の上意として石造倉庫の取り壊し命令が下された。このときの商館長クーケパッケルがその命に従ったことは周知のことであるが、その後の出島における商館施設の建築の際にも、この事柄は影響を与えている。

当時の幕府にとって、奇異で豪奢な建物の建設は、たとえ隔離された空間であっても許可できない事柄であった。ただし、自然災害の影響による破損や長年の使用による老朽化など、建て替えをともなわない建物の修理が必要な場合には、改修時に使い勝手の面で商館員の希望が取り入れられることがあり、基本的な骨組み以外の箇所で、西洋的もしくは東南アジアなどで確立されていた植民地スタイルが混在していたことが建築学の研究成果として報告されている。

これらの基本的な居宅の構造を踏まえ、建物ごとに検出遺構を紹介する。

カピタン部屋

カピタン部屋は、用地買収前に敷地の所有が四件に分かれていたため、公有化に合わせ、発掘調査が行われた。一九九七年度に先行して行われた北西部に該当する箇所の確認調査では、旧ビル社屋の基礎により遺構は検出できなかったが、二〇〇一、二年の調査ではそれぞれ建物の東側、西側（中央部）に良好な状況で遺構が確認された。二〇〇二年度には涼所に当たる南西部の調査も行ったが、旧ビル社屋の基礎により、遺跡はまったく残っていなかった。

二〇〇一、二年における調査では、建物の性格、規模によって、異なる構造の礎石群が検出された。カピタン部屋は、復元時期である十九世紀初頭においてはL字型の平面形で、建物正面部の大きさは、間口一五間半×奥行き六間半、建物の奥側は間口六間×奥行き九間半であった。検出した礎石間から一間の柱間を想定すると、礎石間が平均的に約一・九六五メートル程となるため、六尺五寸を基準とすることが妥当と考えられる。

文献等の記述から、カピタン部屋は多様な用途をもっていたことがわかっている。具体的には、一階部分はおもに倉庫や土間として使用された。二階は事務所兼住居で、来賓の接待や宴席が設けられ、また商館事務室として使用されていたことから、商館員全員が集まる場としてはもちろんのこと、日本人役人や賓客も含め大勢の人びとが集う場所であった。このことから、カピタン部屋は出島内の中心的な建物であるといわれ、その建物構造も商館員個々人の寝泊り用の住居とは、異なるものであることが想定されていた。

そのなかで、実際に発掘調査を行った結果、建物の大外まわりに当たる外壁部分には、安山岩を用いた連続した礎石列が確認された。出島内部においては、このように連続する礎石列は、蔵の基礎遺構において確認しているが、前述のカピタン部屋の規模や用途などを考慮すると、蔵の礎石列の構造がカピタン部屋外壁部に準用されたと考えられる。発掘調査においては未検出であるが、実際には、各種の絵図でも描かれているように、安山岩礎石列の上部に直方体の切石を壁のならびに合せて据え置き、その上に壁を立ち上げたものと推察される。カピタン部屋内部においては、安山岩自然石を用いた礎石が縦横の通り上に数基並ぶ構造が確認された。この礎石の通りが、間仕切り位置に相当すると思われる。

礎石以外の建物内部遺構としては、埋甕や鉄製の箍《たが》が特徴的な遺構として挙げられる。埋甕は、便槽や水甕、食料品、燃料の貯蔵庫など、各種の用途が考えられる。鉄製の箍は木質部分が失われ箍の部分のみが残存していると考えられ、木製の樽であった可能性が高い。日本製の木桶も商館員の生活のなかで使用されていたと思われるが、オランダ本国で洋樽を地中に埋める事例があることや、日本製の桶の箍にくらべ、検出した鉄の箍が非常に堅牢で大きいことから、洋樽と推定する。この樽も、手水鉢、香辛料やワイン等の食料品、燃料等の貯蔵に使われたと思われる。洋樽は当時、ワインや燃料の輸送容器として、オランダ船で大量に出島内に搬入されていた。実際に、絵画資料のなかにも散見され、生活に密接に結びつく容器として、使用後の樽はさまざまな用途に使われていた可能性が高い。

拝礼筆者蘭人部屋

拝礼筆者蘭人部屋跡の調査は、二〇〇一年度から二〇〇三年度まで三カ年に渡り実施された。この一連の調査で、近代から十八世紀代までの各期の遺構が検出された。このうち建物の礎石については、使用される石材に時期的な相違があることがうかがえた。十九世紀中葉に比定される礎石では、大型の板状結晶片岩が用いられる例が確認された。また、同時期の礎石跡からは半円形の掘り込み内部に破砕した結晶片岩が敷き込まれている例がみられ、栗石や間詰石として利用していたことがうかがえる。十八世紀以前においては、安山岩の自然石が用いられ、結晶片岩の使用例は確認されていない。この結晶片岩の建築遺構への使用例は、今後の発掘調査においてさらに精査し、出島において遺構や土層の年代決定の参考としたい。

本地点では、十八世紀代の遺構面からまとまった量の水銀が出土したことが、特筆すべき事項として挙げられる。土層中から、銀色に光るコロコロとした粒状の物体が、集中的に出土したのである。水銀は、人体には有害な鉱物であるため、特

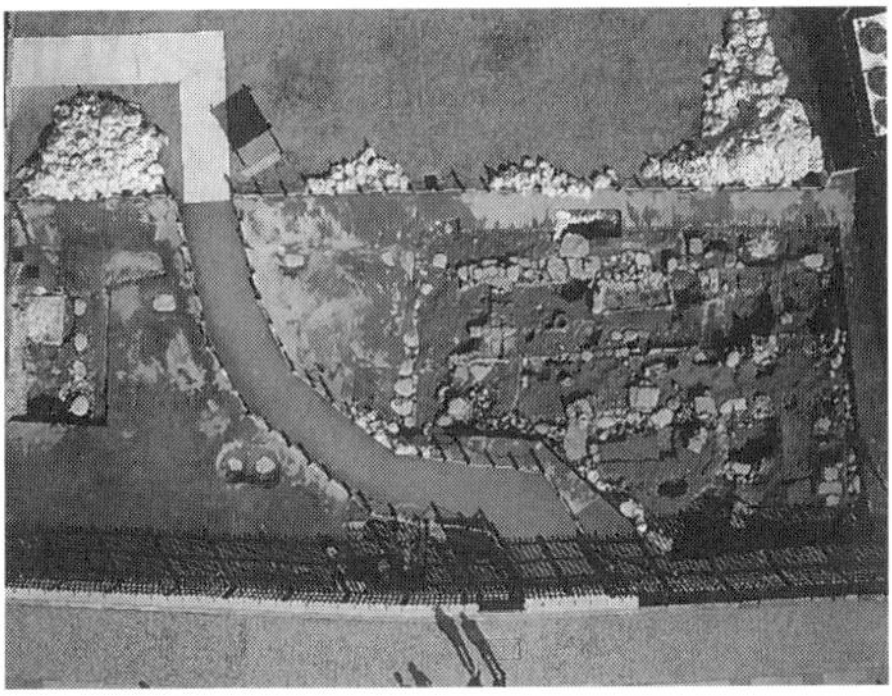

図16　拝礼筆者蘭人部屋跡　発掘調査状況

別な発掘調査体制をつくり、調査中の水銀の取扱い、含有土壌と排水の処理を専門的に行った。その上で、水銀出土の学術的な意義について、検討を行った。実際に、発掘調査により出土例が確認されたことによって、生糸や砂糖などと比較すると、輸入品としては二番手の印象が強かった水銀に注目が集まり、輸入品としての内容や蘭人部屋の利用方法など、考察に広がりが加わったといえる。

さらに、水銀出土集中地点に隣接する箇所で、アマカワ遺構や樽跡等も検出された。パリ中央文書館所蔵の蛮館図のなかに、「鍛冶場の図」という絵図が所載されているが、拝礼筆者蘭人部屋のアマカワ遺構や樽跡、また壁に近い場所に位置する焼土（炉跡と推測する）などの内部遺構は、この鍛冶場の作業状況に近い。遺構検出状況から調理場の一角とも考えられるが、出島の館内に調理施設は別途設けられているため、その他の可能性を想定しなければならない。このため、絵図の題名とされている「鍛冶場」という言葉が重みをもち、本地点が出島内部施設の工房跡であったとする可能性が指摘される。

また、樽跡の掘り込み内部の土壌について、古環境研究所による花粉分析、植物遺存体分析を行った結果、フトモモ科、シソ科などの植物遺存体が抽出された。これらのうち、とくにシソは、オランダ商館の貿易品目の一つである香辛料の類にあたる。樽が、ピクルスなど保存食の貯蔵に使用されていた例と考えられる。

一番船船頭部屋

一九九七年度に調査を行った一番船船頭部屋跡については、旧ビル社屋基礎による広範囲な撹乱を受けており、その基礎間からわずかに遺物包含層や安山岩礎石が検出されたに留まる。礎石もまばらに数基が確認できたのみであったが、一番蔵、二番蔵の検討位置から推察して、一番船船頭部屋の礎石に当たることが想定された。一番船船頭部屋は、間口九間×奥行五間の建物であった。本建物の北側の空き地に相当する地点からは、大型の廃棄土坑が検出されており、海外輸出向けの有田製磁器がまとまって出土する状況が認められた。

カピタン別荘

一九九九年度に調査を行った本地点からは、調査前の建築物が木造建築であったため、敷地全域において、遺構の遺存状況が良好であった。十八世紀後半から十九世紀代にいたる三期の遺構面が確認され、とくに洋風建築物の基礎についても、四層構造になっており、前時代面に遺構の下部構造も残る。

第一期からは、敷地中央部に直方形の石を繋げた建物基礎遺構が検出された。規模は、長軸が約一四メートル、短軸が約九メートルで、切石の長さは不揃いであるが比較的一メートル程度のものが多い。また、この遺構の北側付近からは面的に板状の切石を用いた石敷きが確認され、これらの遺構を繋ぐように、南北方向に計画的に配備された側溝が検出された。この建物基礎は、その下層面で検出された基礎遺構とまったく同じ平面配置であるため、分層が行われた三つの面までは、一部の遺構を除いて同一の時期に整理できる。すなわち、上から最上面検出の石、直方形の結晶片岩製の板状石、その下部の安山岩自然石、さらに最下部に位置するピット群の四層構造となる。最下部のピット群

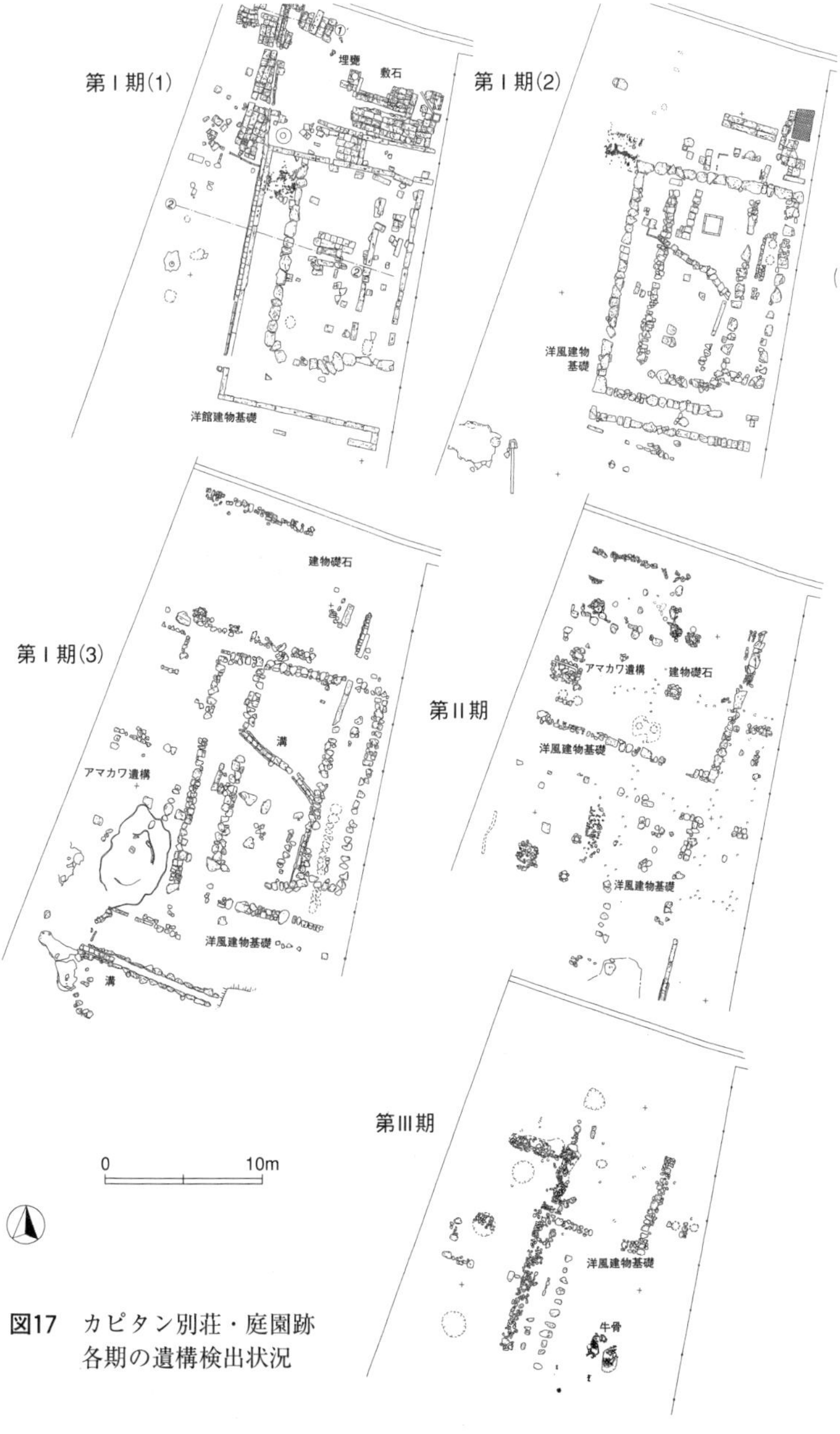

図17　カピタン別荘・庭園跡
各期の遺構検出状況

は、安山岩自然石の間または下部から検出され、内部に木材の検出はできなかったが、おそらく埋立て土の地盤安定のため掘削された柱穴と推測される。この建物基礎については、以上の堅牢なつくりから、洋風建築物が想定され、一八七九（明治十二）年に当地に建てられた牧師館跡に相当する。

第二期からは、上部の層位とは平面プランがまったく異なる建物基礎が検出された。この建物は、敷地のほぼ中央部から北側に一棟、南側に一棟と分かれており、それぞれ方形のプランの一部がL字型に残っていた。この礎石は、その直下に焼土が混在していることが確認できたため、一八五九（安政六）年の火災後に新たに建築された建物と推測される。内部から、大型の安山岩石を中心に据え、その周囲を小型の石で囲む花形の礎石が四基検出されたが、いずれも軸線が重なることから同一時期のものと考えられ、前述の遺構の柱跡に相当する可能性が高い。

さらに調査区北側からは、直径五〇《セン》《チ》内外の安山岩石を等間隔に配した礎石が検出された。この礎石は、出島の地盤面である明黄褐色の安山岩風化土層中に設置され、江戸時代に構築された遺構である。このため、十九世紀初頭に当該地点に建てられていたカピタン別荘跡に相当する可能性が高い。カピタン別荘は、出島の中央を東西に走る道路沿いに位置し、その規模は各出島図から三間×六間二尺五寸と三間半×六間半の二つの数字がみられる。南側の一棟についても、その内部空間から花形の礎石が検出された。

第三期からは、調査区中央部を中心に、南北に延びる石列を検出した。小型の石を緊密に敷き詰めたもので、L字型を呈する。その西側からは、土坑が検出された。この土坑の検出面には小型の石が集められていたため、柱跡の可能性があり、前述の石列との関連が考えられる。

この土層面からは、土層上面を赤色に彩色した部分が検出された。分析の結果、岩石の一部を粉末状にし、散布後叩きしめてつくられたものであることがわかった。このため、意図的に整地した面であり、往時の庭園面であることが推測される。この庭園内部からは、まとまった状態で、牛骨が出土した。

なお、一九九七年度に発掘調査を行ったヘトル部屋、料理部屋については、旧ビル社屋の基礎コンクリートによって、地下がすべて攪乱を受けており、礎石等遺構はまったく検出できなかった。

(三)　輸入品を納める蔵

蘭館内部に建てられていた蔵は、寛政の大火以降再建されたものを含め、十九世紀初頭には、一五棟の蔵があったと伝えられている。カピタン部屋、ヘトル部屋など出島の中心的な建物の向い側に集中的に蔵が配され、なおかつ荷揚場や水門に近く、管理および作業上、機能的に配置されていたことがうかがえる。これらの多くは輸入品を納める蔵で、例外的に「御朱印書物蔵」や「獄網歴青蔵」などその他の用途として使われた蔵があることがわかる。その名称から、前者は重要な貿易関連書類を保管する蔵で、後者は建物や船などの修繕に要する塗料などの保管倉庫と推測される。その他の蔵は、一番蔵から十五番蔵まで数字で数え挙げられ、その他に本方荷物を収蔵したイ蔵と脇荷物を納めたロ蔵が建てられていた。イ蔵、ロ蔵はともに間数十二間×四間で、巨大な倉庫である。当時の長崎市中における町屋の蔵の例としても、これほどの大型倉庫の例はなく、日本に例を求められる建物ではない。オランダ商館が、本国あるいはアジア各地の商館に設けた倉庫の印象に近い。

蔵の建材については、住居と同じく和風建築物であるというしばりがあるため、基本的には土の壁に瓦葺きの土蔵であった。とくに寛政の大火で火災による損失を受けた商館にとっては、日本建築の技である厚い土壁に漆喰仕上げの構造は十分な防火対策となり、この構造が基本となっている。例外的に、前述したイ蔵、ロ蔵については、大型の構造物であるためか、文献中に煉瓦が使用されていることが記されており、その上に漆喰を塗って仕上げられていた。煉瓦は、幕末にオランダ人技師ハルデスによって、初めて長崎で焼成されたことが記録されているため、この時期に使用された煉瓦は外国産となる。

また、これらの蔵にはオランダ商館員らが花の名前を付けていたことが知られており、それぞれに愛称が残されている。たとえば一番蔵は、ロース（バラ）蔵、二番蔵はアンニェリール（ピンクのカーネーション）蔵、イ蔵はドールン（いばら）蔵、ロ蔵はリリー（ゆり）蔵とよばれた。

次に、一五棟の蔵のうち、実際に発掘調査を行った一番蔵、二番蔵、三番蔵につき、遺構の検出状況を詳述する。

一番蔵跡　一番蔵は、規模が間口三間×奥行き五間の土蔵であった。敷地南側から道路面と平行に安山岩の礎石列が検出され、そこから北側に直角に延びる礎石列が検出された。このため、この矩形を中心に礎石の精査を行うと、さらに北側および西側の壁面に該当する箇所からも礎石列が検出され、しっかりとした蔵の平面形を押さえることができた。つづく二番蔵、三番蔵は、一番蔵にくらべると遺構の遺存状態が悪く、この中央の通りを挟んだ北側建造物群のなかで、この

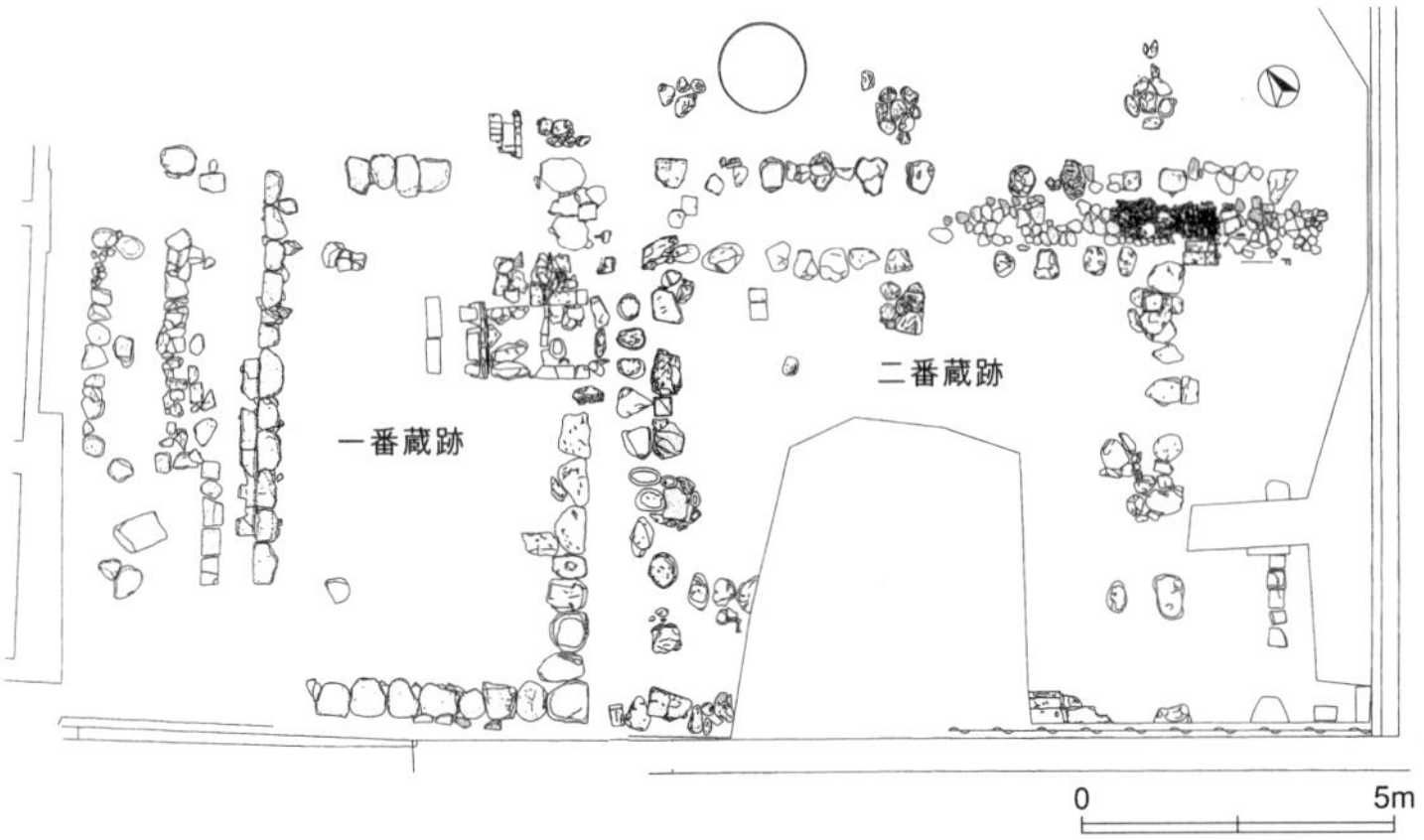

図18　一番蔵・二番蔵跡　遺構検出状況

一番蔵の検出遺構が、その後の検出遺構の成果を検討する際に基準となった。

二番蔵跡

二番蔵は、規模が間口七間×奥行き五間と比較的大型の蔵であった。一番蔵と平行して調査が行われ、おもに平面形が方形を成す遺構が二基検出された。南側から中央部にかけて広範囲に攪乱を受けていたが、前述の一番蔵と比較検討するなかで、外まわりに位置する礎石列が復元時期にあたる二番蔵の礎石列であることが推察された。これ以外に、一基の礎石を中心にその周囲に礎石を配する花形の礎石が検出されたが、この礎石群については、二番蔵よりあとの時代の建物の礎石であると思われる。また、二番蔵内部に当たる位置から、面的に粉状に砕かれた珊瑚が検出された。一部の形状を留めている珊瑚を観察すると枝珊瑚やテーブル珊瑚が混在しており、南方系の珊瑚が持ち込まれていたことがわかる。現在でも沖縄の旧家では、住居のまわりに珊瑚を敷き詰めている例が知られる。このため、東南アジア等南方での生活様式に通じたオランダ商館員によって、意図的に施工されたものと考えられる。海中を埋め立てて造成した出島であるため、貿易品が湿気を帯びないよう配慮されたものであろうか。

二番蔵の北側空き地部分からは、東西に延びる大型の廃棄土坑が検出され、海外輸出向け有田製磁器がまとまって出土している。

三番蔵跡　二〇〇一、二年度に調査を行った三番蔵については、著しい攪乱を受けていたが、その合間から数基の礎石が確認された。これまでの調査で隣接する一番蔵、二番蔵跡では、安山岩自然石の高さを揃え緊密に敷き並べた石列が確認され、蔵の礎石と比定されている。三番蔵跡でも安山岩自然石が検出された。これらの石の位置は飛び飛びであるが、その配置から推測すると蔵の通りにあたり、蔵の礎石と想定される。ただし礎石列としては貧弱で、その後に石の抜き去り（転用）が行われたと思われる。蔵の建物内部位置からは焼土の薄い堆積がみられ、また二番蔵同様、粉状珊瑚が面的に検出された。

（四）日本人の管理用建物

このグループには、日本人役人や通詞の詰所など、日本側の管理、行政に携わる施設と、門や番所などの警備や保全にかかわる施設が該当する。このうち、調査事例があるものは、日本人役人の詰所であった乙名部屋と阿蘭陀通詞の詰所であった通詞部屋の一部、出島西北部に位置する水門と四カ所番所一番である。

なお、現在、市制百周年記念事業の一環として表門が復元されているが、本来の位置は削平された中島川の中程であり、実際の位置とは異なる庭園から中央通路にいたる道路面に建てられている。整備に先立ち一九八九年に行われた発掘調査では、庭園の遺構面が検出されている。

図19　乙名部屋跡　検出遺構

乙名部屋　カピタン部屋と同じく二〇〇一年度に東側半分、二〇〇二年度に西側半分の調査を行った。

乙名部屋は、各種の絵図やライデン民族学博物館に所蔵される『ブロムホフの模型』から、復元時期に当たる建物が町屋風の構造であったことが推察されていた。発掘調査の結果、内部から検出された礎石は、一間ずつ縦横に並び、柱の基礎石であることがわかった。柱間は、礎石間が中心から計って約一・九六五メートルであったことから、一間が六尺五寸と考えられる。実際のところ、柱間が若干広くなっている箇所があり、逆にこの位置に間仕切り壁が想定され、建物内部空間の推察に充分な根拠資料となった。この礎石の半裁、断面観察の結果、掘り込み内部に小石を敷きこみ、その上部に柱を立てる和風建築の基礎として一般的な構造であることがわかった。

このように、一連の調査のなかで、蔵と住居の基礎構造の違い、さらには住居であっても、商館員用もしくは日本人用に分けられ、商館員用であっても、その機能、用途が異なる場合など、さまざまな状況による基礎遺構の差異が現れているといえよう。

通詞部屋

一九九七年度に行われたヘトル部屋、料理部屋の建物基礎遺構の検出を目的とした調査において、隣接する通詞部屋跡の遺構存否確認も行われたが、旧ビル社屋の大型基礎コンクリートにより、遺跡はまったく失われていたことがわかった。通詞部屋は、その西南部の一部が現在の国道四九九号線の歩道上にはみ出していることが、その他の建物や出島境界ラインとの関係からわかっている。このため二〇〇一年に実施した水門の礎石検出を目的とした確認調査の際に、あわせて想定箇所の歩道部分調査を行ったが、歩道部分に上下水道、電気、ガス、電話線などすべての埋設管等が敷設されており、すでに広範囲に攪乱を受けていることがわかった。

水門

水門は、当初第Ⅰ期事業のなかで復元が計画されていたため、一九九七年度の西側荷揚場付近の調査、つづく翌年度の道路部分の調査で、主体部の発掘調査が行われた。一九九七年度の調査では、礎石が一基検出され、後に護岸石垣やその他の建造物の推定位置から総合的に判断して、水門北東部の角の柱石に当たる可能性が高いことが報告された。翌年度の道路部分の調査では、すでに数種の埋設管の敷設により攪乱を受けていたため、遺構はまったく確認できなかった。

水門位置の検討の結果、国道の歩道部分に建物の一部が張り出すことがわかり、第Ⅰ期事業における水門の復元は成されず、つづく第Ⅱ期事業のなかで再度検討されることになった。二〇〇一年度、懸案となっていた歩道部分に当たる箇所の発掘調査を実施した結果、推定位置とその周辺は広範囲で埋設管による攪乱を受け、柱礎石を検出することはできなかった。さらに、まだ未調査区として残っていた敷地端部の調査を行ったが、直接的に水門と関連する遺構は検出できなかった。

これらの結果から、現在の水門の復元は、北東角部の礎石や周辺の建物と荷揚場の石垣などから、総合的に位置の推定がなされている。

四カ所番所一番　一九九七年度の一番船船頭部屋が主体となる地点の調査において、あわせて番所跡の確認作業が行われたが、該当想定箇所は旧社屋ビルのコンクリートによる攪乱が著しく、遺構は検出できなかった。簡易な建物の発掘調査による遺構検出作業が困難であることを実感した。

これらのほか、商館側管理用建物については、料理部屋跡の発掘調査が実施されたが、旧ビル社屋の基礎コンクリートにより遺跡がまったく確認できなかった。まだ発掘調査例の少ない東側に、この項目に分類される家屋が多いため、顕著な遺構例の検出にはいたっていないが、今後の発掘調査に期待したい。

3　生活空間としての出島

建築物以外にも、さまざまな商館内の設備に関する遺構が検出されており、便宜上生活遺構としてまとめたい。この生活遺構はおもに、管理柵や鐘楼など建物に準じる施設や、用水池や水溜などの水まわりに関連する設備、また道路や排水溝などの土木構造物、庭園や菜園、飼育場などの整備された緑地帯が該当する。このうち、発掘調査によって遺構が検出できた例を紹介しよう。

（一）生活用水と排水設備

出島という島が囲われた空間であるという認識をあらためて念頭に置くと、さまざまな諸設備を有しておかなければ生活の場として成立しないことは容易に推察できる。生活用水についても、その入手、保管、排水など、それぞれの段階にあわせたシステムが構築されていたことは、文献史料や絵図から知られていた。しかし、一連の発掘調査によって、絵図に現れない地下の構造物の確認ができ、さらに文献ではそのしくみを想像するしかなく、絵画資料では詳細が描かれていない構造を明らかにすることができた。以下、それぞれの水まわりに関連する遺構について詳述する。

堀と管跡

カピタン部屋と乙名部屋の間の敷地から、東西方向に大きく横たわるV字型の溝状遺構が検出された。当初、検出範囲の広がりがつかめずに困惑したが、掘り進めるうちに、帯状に広がり、堀状に深くなることがわかった。掘り込まれた部分の断面形は、V字もしくはU字形をなし、掘り込み内部には東西に延びる直径七〜八センチの穴の跡（管跡）が四基検出された。壁面の観察により、数回に分けて掘り込まれた形跡がみられ、最下部の管跡には長方形の掘り方があり、管の接合部の細工の状況がわかる。管材については、肉眼観察でまったく検出できなかったため、土壌分析を行った。その結果、孟宗竹の花粉が周辺から採取され、管材が竹であった可能性が考えられる。管跡からの直接的な採取ではないため、決定付けるにはもう少し根拠資料が必要と考えるが、文献史料や出島古版画でも、対岸の江戸町から出島へ掛ける水樋に竹管が用いられていたことが記されているため、同じものが土中を巡る上水遺構にも使用された可能性が高い。ただし、出島では飲み水などは市中から購入し、炭酸水も若干ではあるが船でボトルを持ち込んでいたため、その他生活全般に使用するための上水設備と考えられる。

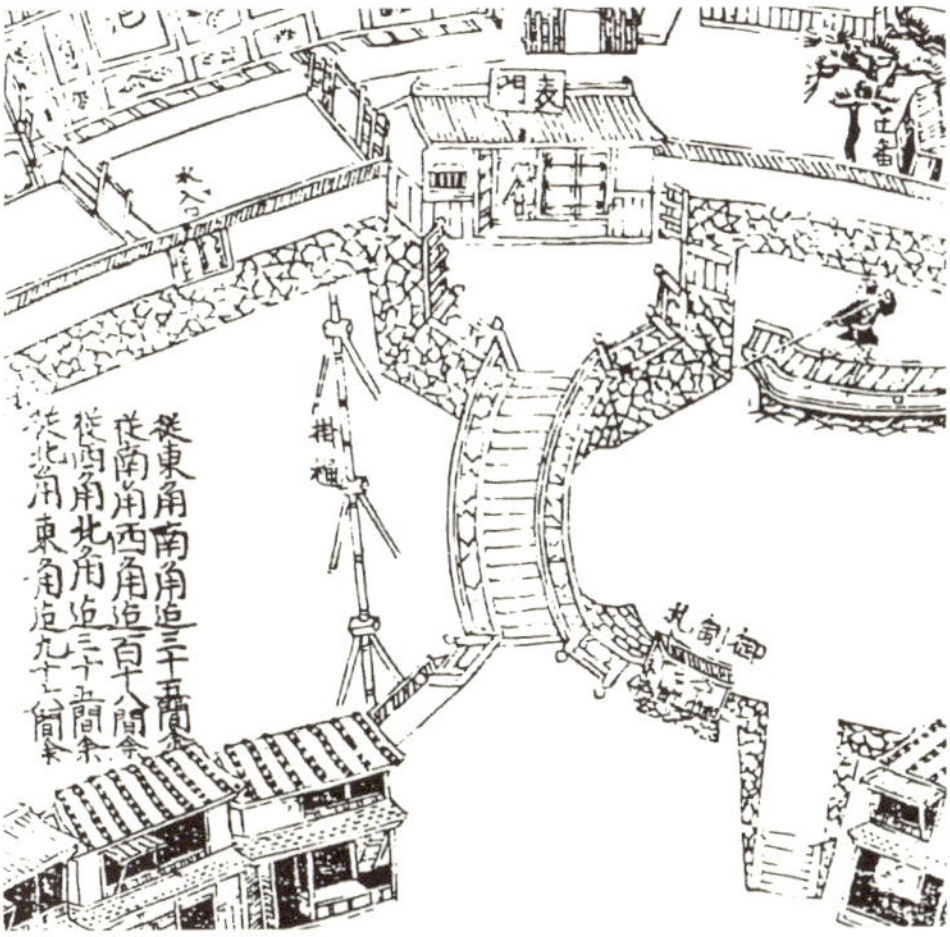

図20　市中から渡された竹樋（出嶋阿蘭陀屋舗景部分）

図21　石製枡

水溜　前述の堀状遺構にともない、石製の枡が検出された。枡の上部には側壁の立ち上がり部分に石が配され、方形の構造が想定されることから、絵画資料などでみられる水溜の下部構造に相当すると思われる。この枡と実際の水の流入口（上記の管跡）の接続部は橙色粘土で固定されていた。枡の石材は、角閃石安山岩、軟質で加工しやすい石質である。絵画史料に描かれる水溜はその下部構造が不明であったが、竹管によって出島の地中を水路が巡り、この溜

図22　用水池（上）と出島麁絵図に描かれた用水地（下）

め枡が基点となり、ここで水を汲み上げる、もしくはポンプアップしていたものと思われる。

用水池

カピタン部屋の東側外に、大型で方形のアマカワ遺構が検出された。規模は、平面形が七・三メートル×二・五メートル、深さ一・一メートルで、大きな水槽状のアマカワ内部にさらに長方形の枡がつくられる。壁の立ち上がり最上部が若干欠損しているが、全体像から破損部を推定すると、絵画や古地図によって確認できる四間×一間半の規模の用水池と合致する。用水池は、寛政の大火後に火災対策として新たにつくられた。南壁および北壁の二カ所に階段に相当すると思われる遺構の一部が確認できる。二重の枡になっているのは、雨水などの溜り具合により水量の加減が調整しやすいよう配慮したためと思われる。内部の枡は、瓦や石などで築かれ、表面にアマカワが塗布されていた。遺構の立ち上がりは遺存状態が悪く最上部は欠損しているが、絵画などから用水池周囲に方形の切石が巡っているため、この切石までアマカワが塗り固められていたと思われる。

排水溝

カピタン部屋を中心に、排水にともなう石造り溝が二基検出された。一基は、カピタン部屋東外側から検出され、敷地内部から中央通路端にみられる側溝に繋がる。カピタン部屋東壁外側に当たる箇所にトイレ跡があったことが残されている平面図からわかっているが、発掘調査ではこの箇所で埋甕が二基検出され、便槽であった可能性が高い。このため、近接する石造り溝一もこれらの遺構と一連のものと考える。

もう一つの石造り溝は、北端部がカピタン部屋建物内部に位置し、暗渠として乙名部屋下部を通り、南側護岸石垣内に排水口が開口する溝であった。部屋内部に当たる箇所では溝は開口しており、側壁と溝底部にそれぞれ別々

図23　石造り溝　開口部(上)と暗渠部(下)

図24　カピタン部屋跡　6号土坑（上）・46号土坑（下）

の加工石が配置される。溝中央の暗渠部では、コの字型に刳り貫いた石が組み合わされ、さらに南方では板石状に切り出された石材が組まれていた。コの字状の石材は角閃石安山岩であったが、板石状の石材には安山岩と砂岩が用いられていた。一部で石組溝の外側に栗石を配した補強や石材間のアマカワによる固定も確認された。

(二) 各種の土坑

カピタン部屋および乙名部屋の敷地からは、各期あわせて七二基の土坑を検出しているが、そのほとんどがカピタン部屋内部および外側からの検出であった。とくにカピタン部屋南壁の外側は、乙名部屋との建物間の空地であるため、たくさんの遺物をともなう廃棄土坑が検出された。そのうち六号土坑は、とくに大規模で円筒形に掘られ、深さもあることから、構造的には地下室的な要素も併せもつ可能性が高い。ただし、最下部では満潮時に潮の影響を受け、海水が湧き出たため、現実的には物資の保管には適さない。二八号土坑は、不整形な土坑であったが、埋甕五が据え付けられていたため、なんらかの生活関連遺構である。

建物内部では、西側を中心に土坑が検出された。これらの土坑の性格については、礎石の抜き取り穴、十八世紀代の廃棄土坑が考えられる。このほかに、一七九八年の大火によるカピタン部屋の焼失から一八〇八年の再建まで当地が空き地になっていたことによる廃棄も考えられる。特筆すべき土坑として四六号土坑が挙げられる。その北壁面からは、土（床面）を掘り、据え付けられた鉄製の枠が二本検出された。鉄と鉄の間には遺存物がなかったが、樽などの木製品が据え付けられていた可能性が考えられる。

（三）建物の付属施設と簡易建物

絵図のなかには、建物の番号および名称が記されているおもな建物とは別に、小さな小屋や櫓、柵なども描かれている。これらの諸設備は、柱跡として数例確認されている。

カピタン部屋東外側検出石列　カピタン部屋東外から検出されたアマカワの用水池の周辺から、数基のピット群が検出された。ピットまわりからは、顕著な礎石列が検出され、その間にピットがまばらに位置する。池まわりの壁とその支柱となる簡易な柱跡などの可能性が考えられる。

ハト小屋　三番蔵の北側外にあたる箇所から、数基の小規模なピット群が検出された。その配置や構造から、簡易な建物であった可能性がある。出島図をみると、十八世紀代の絵画史料のなかで、該当箇所にハト小屋が設けられているものがあり、その可能性が考えられる。

鐘楼跡・旗竿跡　絵図や文献上では、用水池前方に鐘楼が建てられ、日に三度鐘が撞かれていたことがわかっているが、発掘調査

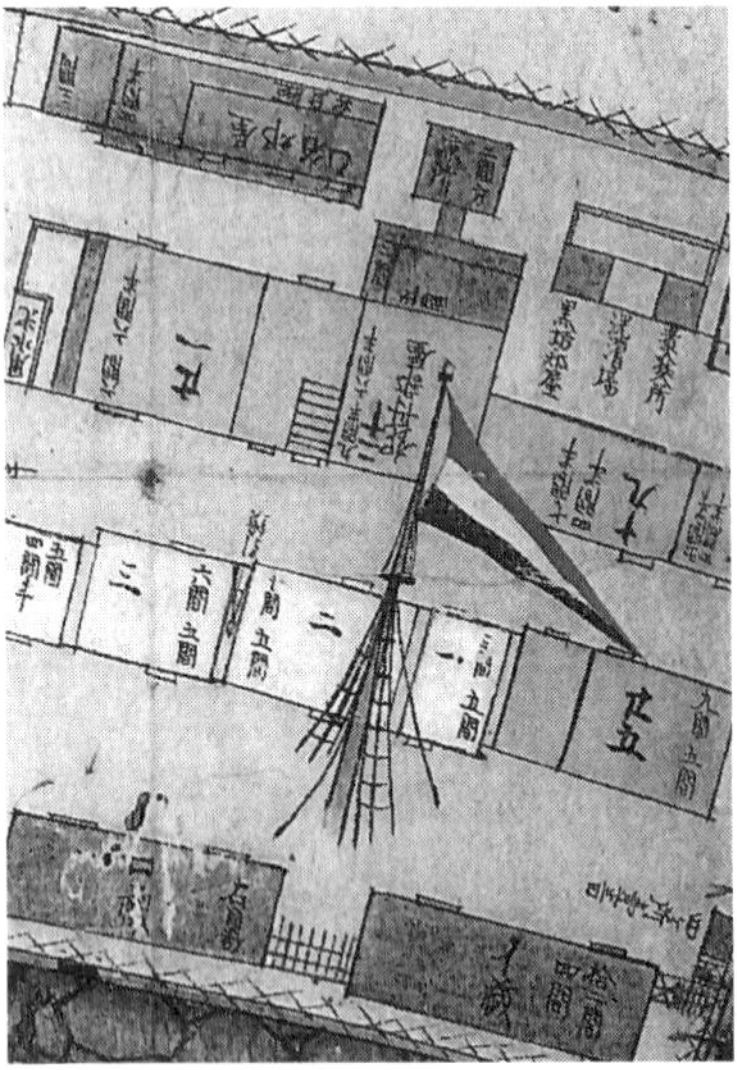

図25　描かれた鐘楼と旗竿　出島図

では該当箇所が旧施設の引込み管路にあたり、攪乱され、遺構は検出されなかった。数年で鐘楼の場所は変更されているため、広範囲に及ぶ大掛かりな基礎構造ではなかった可能性が高い。

これにくらべ、旗竿については、その高さが一五間三尺（約三〇メートル）という記録から、実際の木造帆船のマストと同等であることがわかっており、これだけの大きさの竿を建てるには、中心の礎石はもちろんのこと、支持部分の基礎構造もしっかりしていることが推測される。旗竿の中心部は、そのほかの建物との位置関係から出島北側の石垣上に該当すると考えられるが、この石垣は明治期に出島北側が削平された際に新設されたことから、この時期に中心部基礎を取り除き、あらためて護岸石垣を築いていることがわかる。このため、石垣ライン上に当時の旗竿位置を推測できるのみで、実際に遺構は検出されていない。

（四）整備された道路

蘭館図絵巻などの絵画史料のなかで、出島を東西に横断する中央道路やその他の通路は、土風であったり、石敷きであったりと、意図的に描き分けられている。これがただちに正しいとはいえないが、出島のなかの道路および通路に時代的な変遷があり、また場所ごとに異なることを念頭に置

図26　道路石敷き跡　白色玉石舗装（火災前、右）・蛇紋岩玉石舗装（火災後、左）

く必要があることが示唆される。道路部分の発掘調査は、一九九八年に電線類地中化工事にともなう発掘調査において大規模に行われた。

時期差のある道路舗装面　一九九八年、出島の中央を東西に延びる道路部分の調査を行い、往時の舗装された道路面を確認した。

西側では、道路中央に埋設されている下水道管により撹乱を受け、敷地が南北に分断された状態で各種の遺構が検出された。特筆すべき遺構として、カピタン部屋跡付近および中央広場付近の道路で集中的に検出された玉砂利による舗装面が挙げられる。使用された石材は、直径三〜四センチ程の青灰色の蛇紋岩で、面的に敷き詰められていた。この面の直下から、焼土が混在した土層を確認したため、この玉砂利面は寛政の大火後の舗装面と考えられる。西側の道路幅は当初二間半であったが、この火事後に、延焼の予防策の一環として三間半に拡幅されている。玉砂利の分布範囲は南側サイドに集中するが、一部北側サイドにも残存している箇所が認められるため、両サイドにこの舗装が行われていたことが推測される。さらに、この舗装面の直下から、白色の玉石を敷き詰めた面が検出されている。この面は焼土の直下にあたるため、寛政の大火以前の舗装面と考えられる。使用石材は、白色の角のない玉石で、大きさは六センチ内外であった。

このほかに、北側サイドから東西方向に延びる石列が検出された。とくに、二番蔵、三番蔵跡付近の道路部から、集中的に検出された。この石列は、二基の石列に大別することができ、二番蔵、三番蔵の各建物の推定位置から約一メートル南側に一基、さらに一メートル南に一基の石列が並び、あわせて約一間となる。建物に近い北側の石列は、大型の石材を用いており、南方の石列が小型の石で形成されている。これらのことから、寛政の大火後に行われた一間程の道路の拡張は、道路の北側サイドが拡張されたものと考えられる。したがって、大型の石列については、火事以前の建物に関連する遺構の可能性がある。

道路の排水溝

道路東側からは、各種の溝遺構が検出された。旧石倉前の道路からは、南北に配置された溝の一部が検出された。建物の建つ敷地内からの接続部分にはコの字型に成型された石製の溝が用いられ、さらに丸瓦を数枚接合した溝が連結していた。瓦の接合部には橙色粘土を用い、瓦側面には方形の石が設置され、溝としての窪みをつくり出し、上蓋に板状石が用いられる。また、旧長崎内外クラブ付近では、北側サイドから東西に延びる瓦溝が五メートル程検出された。この瓦には桟瓦が用いられており、側面には方形の石が並べられていた。この二種の溝

図27　　現存する三角溝（左）と検出された瓦溝（右）

は、いずれも江戸時代後期に比定され、その後、居留地時代につくられた特徴的な三角溝に移行する。三角溝は二枚の板石をV字形に組み合わせたもので、出島と同じく居留地であった南山手に現在も一部残されている。前述の江戸時代後期の瓦溝は、復元建物周辺の整備でその工法を使用しているため、その後につくられた現存する三角溝と合わせ、出島の側溝の変遷をたどることができる。

　東側の道路幅については、拡張の経緯がなく、当初より二間半であったと思われるが、旧長崎内外クラブ付近で検出した側溝の例から、居留地に移行する際に、若干道幅が広くなり、江戸期の溝が一部残ったものと思われる。

　旧長崎内外クラブより東側については、中央部から大型の溝状土坑が検出された。この土坑中には焼土が充満し、十八世紀代を中心とした大量の

図28　長崎日蘭貿易絵巻

陶磁器が出土した。このため、寛政の大火時に焼土整理のため、影響のなかった東側部分において空地であった道路を利用して、片付けを行ったものと推測される。土坑の形状については、中央部が埋設管による撹乱を受けていたため、その南側半分のみが残存していた状態で、全体の形状は不明であるが、残存部から推測してU字型であったと思われる。

十七世紀中頃に描かれた蘭館図では、中央道路の中程に帯状に板石を敷き詰めた箇所が見られ、寛政の大火以前にはこの部分に溝があった可能性が指摘されており、本遺構がこの道路中央の溝にあたると推定される。中央の溝は、道路表面の排水だけでなく、建物の雨垂れや部屋内部からの生活用水の排水などその他の機能も付加できるよう、道路両端の側溝へと移行したのであろう。

（五）庭園と菜園

出島東側を中心とする庭園および菜園部分の調査は、二〇〇〇年度に行われた。この調査は、庭園整備を行うことを目的として行われたが、庭園遺構面の遺存状態が良好であったため、当初予定していたカピタン別荘とその南部に広がる敷地における整備を断念した。代替地として適当かどうか遺構存否確認調査を行ったミニ出島西部に広がる庭園では、すでに旧庭園造成の際に江戸時代の遺構面が破壊されていることがわかったため、計画は移行された。これが現在の「シーボルトの里帰り植物園」である。

先述したカピタン別荘と庭園部分における調査では、赤色を帯びた土壌が面的に検出された。この赤色については、成分分析の結果、ある種の岩石を粉末状にし、散布したものであることがわかった。ロッテルダムのプリンス・ヘンドリック海事博物館が所蔵する出島図のなかに、庭園部分を赤く着色している絵画が知られている。その色彩は強烈で、とても往時の庭園を表現しているとはいい難いものであったが、実際に赤色土壌の面的な広がりを目のあたりにしたときに、この絵画が真っ先に話題に上ったことを覚えている。

図29　出土した牛骨

この庭園の調査において特筆すべきは、赤色土壌面に掘り込まれた大型の浅い土坑内部から、若い牛の個体が数頭出土したことである。出島出土の獣骨の大部分は牛の骨であるが、これらの出土状況は、廃棄土坑内部から陶磁器片、瓦片などと混在し出土する例がほとんどであり、食物残滓という認識であった。事実、そのいくつかの骨片からは解体痕や切断痕が確認できている。そのようななかで、この庭園検出の土坑から出土した牛骨は、特異な出土状況を示す。後日、西中川駿（鹿児島大学農学部名誉教授）の鑑定の結果、牛の遺体が4頭分で、二～三歳の若い個体であること、骨の形状から和牛の可能性が高いことが報告された。以前より蘭学研究の医学分野では、出島の蘭館医から牛痘法が伝えられ、長崎において伝播したことが指摘されていたが、まさにその事例の一つと関連付けられる。

今後、東側部分の整備に着手するなかで、庭園、菜園部分の調査が実施される機会に恵まれることと思うが、この庭園、菜園については、動物たちの飼育小屋があり、植物の栽培が行われていた場所であるため、西側の建造物復元に重きを置く調査とはまた違った調査方法と、それにともなう成果が求められるものと思われる。

4　見えてきた商館の構造

（一）建造物の基礎構造

長年に渡る発掘調査によって、出島の十九世紀前半を中心としたさまざまな遺構、礎石の例が確認された。これらは、その機能、用途の違いによって、下部構造のしくみが異なることを示しているが、ようやくその種類が分類できるようになってきた。

蔵の礎石　大型の安山岩自然石を連続して敷き並べた礎石列を中心とする。その上部に直方体の長手の切石を渡し、その上部に土壁を設ける。

大型住居の礎石　最下部に安山岩自然石を比較的密に敷き並べ、石列を形成する。その上部に破砕し扁平にした安山岩の割石を敷き、さらに上部に長手の直方体の切石を渡す。安山岩割石がその下部の丸みを帯びた自然石とその上部の切石の介石の役目を果たし、高さのバランスを取る。蔵の構造と近似するが、カピタン部屋のような大型住居の場合、外周を巡る壁部の加重は大きく、蔵に準じた構造の礎石が用いられたものと思われる。

十九世紀中頃以降になると、洋館風建物が出島内部にも建設されるようになるが、洋風建築の礎石列は、このカピタン部屋礎石構造からさらに堅牢なものとなり、介石であった割石部分が、結晶片岩の板石へと変化する。出島では、この頃から礎石に結晶片岩が用いられる。

住居の礎石

オランダ人住居および日本人住居など、一般的な住居についていては、一間を六尺五寸とする柱間に据え付けられた礎石が基本となる。礎石は一まわり大きな掘り方をもち、その内部に安山岩の自然石が据付けられ、その上部に柱が立てられる。下部の安山岩の補強を行う必要がある際には、平面のバランス調整のため、やはり安山岩の割石が用いられる。一間六尺五寸についていては、基礎石間を計ると、一部を除き、この寸法が合致する。一部の距離が合わない箇所についていては、建物内部の間仕切り等が想定され、室内空間の検討に示唆を与える。

転用された礎石

出島では、大掛かりな土地の造成を行うことが許されていないため、同一敷地内に連綿と同じ規模の建物が建造される。市中にくらべ、造成工事、建築工事が不自由で、さらに十八世紀末から商館が経済難に陥るため、礎石一つ、建材一つを安易に廃棄するとは考えにくい。このため、礎石の転用例は多く見られ、礎石の抜き去りによってプランの広がりが掴みづらい場合も多い。被災した痕が残る安山岩礎石が、焼土をともなわない面に据えられていた例などは、火事後に転用された可能性が高い。逆に、位置の移動を行わず、礎石をそのまま転用した例もある。

(二) 検出遺構と生活空間

これらの礎石と樽跡や埋甕などの位置関係により、埋設遺構の用途の類推が可能となった。この用途の類推は、西洋人の生活様式を念頭に置いて検討しなければいけないが、水銀の出土や玉砂利舗装などの面的な整備と合せると、作業風景が浮かび上がってくる。この際に考慮しなければいけないのは、土中から面的に検出しているものが、出島における生活や貿易活動のすべてを現していないということである。なぜなら出島の建物は基本的に二階建てであり、おもな居住空間は二階にあるからである。面的に検出された部分というのは、一階の土間や板間、通路や貯蔵スペースを示している例が多く、そこを占有していた人物像を考えると、召使や下級商務員など位の低いものであって、文献等に記されている一般的なオランダ商館員の生活空間はそこにはない。

発掘調査による遺構論ではアプローチが不可能な二階に、ほとんどのオランダ商館員の生活空間が広がっている。ただし、建物の外壁や内部の間仕切りなどは、一階から二階まで通しの柱が必要となるため、平面形と二階の部屋の区分については、礎石から検討することができるのである。このような建物内部の空間論については、建築学や文献、絵画等諸学の専門家との検討が必要となり、とくに情報量が多いカピタン部屋については、その作業が重要である。

(三) 建物の配置と空間利用

次に建物の外まわりに目を移すと、礎石群の集中箇所と土坑群の集中箇所に敷地内が二分されることがわかる。一番蔵、二番蔵付近では蔵の外側に当たる北方に大型の土坑が検出され、内部からは多くの廃棄された遺物が出土した。カピタン部屋では、この部屋の裏手に当たる南側、乙名部屋との空き地部分から大型の堀状遺構を含む数基の土坑群が検出された。これらの遺構分布は、建物とその裏庭の関係を示す。絵画史料によらずとも、遺構の分布と遺物の出土状況を検討することによって、建物の配置とその周辺の空間利用が明らかとなる。

とくに出島では、廃棄物の処理は重要な事項であった。割れた陶器片、ガラス片であっても、それがめずらしい品物の欠片であれば、長崎では欲しがる人びとがいた。ゴミの海中投棄が行われれば、それを求めて船を出し、出島に近づく禁止行為に及ぶ。このため、廃棄物の海中投棄は禁じられ、出島蘭館のゴミは出島内で処理されていた。狭い出島のなかで空き地を求め、建物の裏手のみならず、東側の庭園まで埋めにいった商館員の姿が目に浮かぶ。

(四) 敷地の高低差

敷地全体の高低については、現在の出島の道路部をみると、中央部が高く、西側、東側に向かってそれぞれ下がっている。これは雨水排水にともない計画された高低差であると思われる。囲われた島であった時代では、道路部の調査によれば西側、東側が若干高く中央部が低かったと記録される。往時は塀があり、四方からの排水が困難であったため、中央に雨水を集めていたことが推察される。

参考までに、建物礎石高を中央から西側に向かって挙げると、十九世紀初頭のカピタン部屋の礎石上面高さは約二・八〜二・九メートル、二番蔵が二・八〜二・九メートル、一番蔵が二・六〜二・七メートル、一番船船頭部屋が二・六〜二・七メートルとなる。それぞれの建物構造によって、壁の立ち上がりが異なるため、この数字だけでは往時の地表レベルの割り出しはむずかしいが、十九世紀初頭には二・八メートルという標高値が鍵になりそうである。

（五）今後の課題

一九九六年からの建造物復元にともなう発掘調査により、対象となった建物は一一棟、そのうち一部であれ基礎遺構を検出できた建物が七棟である。今後、その類例を未調査の出島中央部敷地内に求め、それぞれの建物に対する下部遺構の在り方をさらに検討し、出島遺跡の特徴をまとめ、さらに長崎市中の同時代の町屋遺構との比較検討、また他都市のオランダ商館遺跡との比較検討を行い、商館遺跡の共通点、類似点、相違点を明確にする必要がある。実際に出島を構成する建物群の内容は、商館員の住居や生活物資を収納する倉庫、貿易品を納める蔵、日本人の管理用建物、庭園・菜園に大別され、商館運営のなかで必要な要素、機能がすべて備わっていたことがうかがえる。その生活様式のなかに、日本の商館の独自性が見え、それぞれの役割をもつ建物のさらなる調査により東アジアの貿易の拠点であった出島の姿が浮かび上がるものと考える。

Ⅳ　出島の輪郭と構造

一九八四年から三カ年にわたり行われた範囲確認調査によって、出島の東側、南側、西側の護岸石垣の一部を検出、出島の輪郭をとらえることができた。それにもとづき、第Ⅰ期事業では西側護岸石垣の面的な調査と南側護岸石垣の一部の発掘調査、修復工事を行った。つづく第Ⅱ期事業では南側護岸石垣の大部分の発掘調査を実施。その成果にもとづき修復整備を行い現在にいたる。

出島における護岸石垣の発掘調査は、つねに潮の干満の影響を受け、西側においては国道、南側においては市道と電車軌道に接する状況での発掘となる。敷地内の調査と比べて危険で、作業時間も制限を受け、土留め対策の架設物も相応の対策が必要となる。このため、どの事業においても苦労の多い発掘調査と修復工事となった。

1　西側護岸石垣の調査

出島築造当初の石垣　西側護岸石垣の本格的な発掘調査は、一九九七年度に行われた西側部分の全面的な調査のなかで取り組まれた。水門を含む荷揚場とその周辺の状況を明

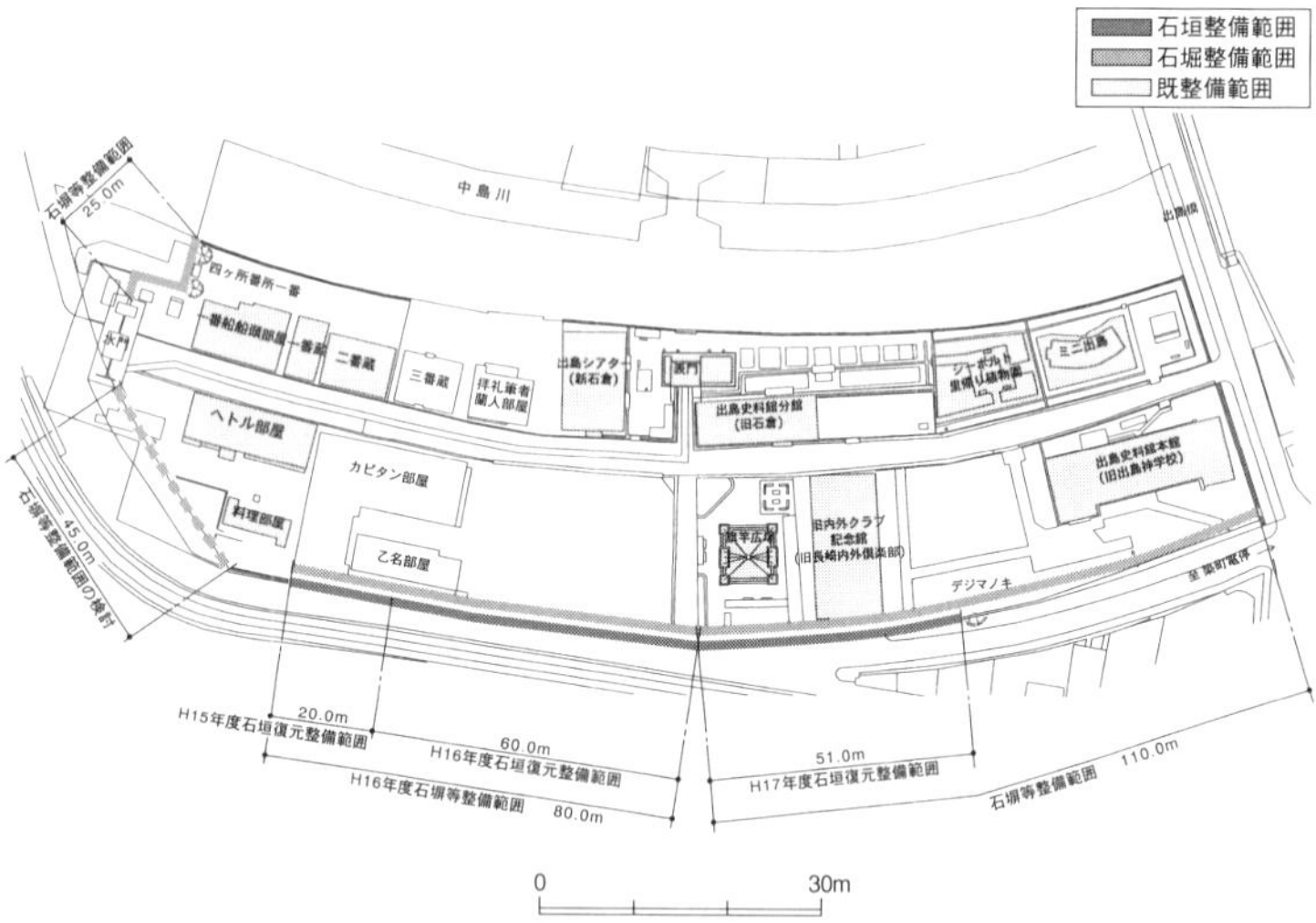

図30　護岸石垣発掘調査・整備箇所

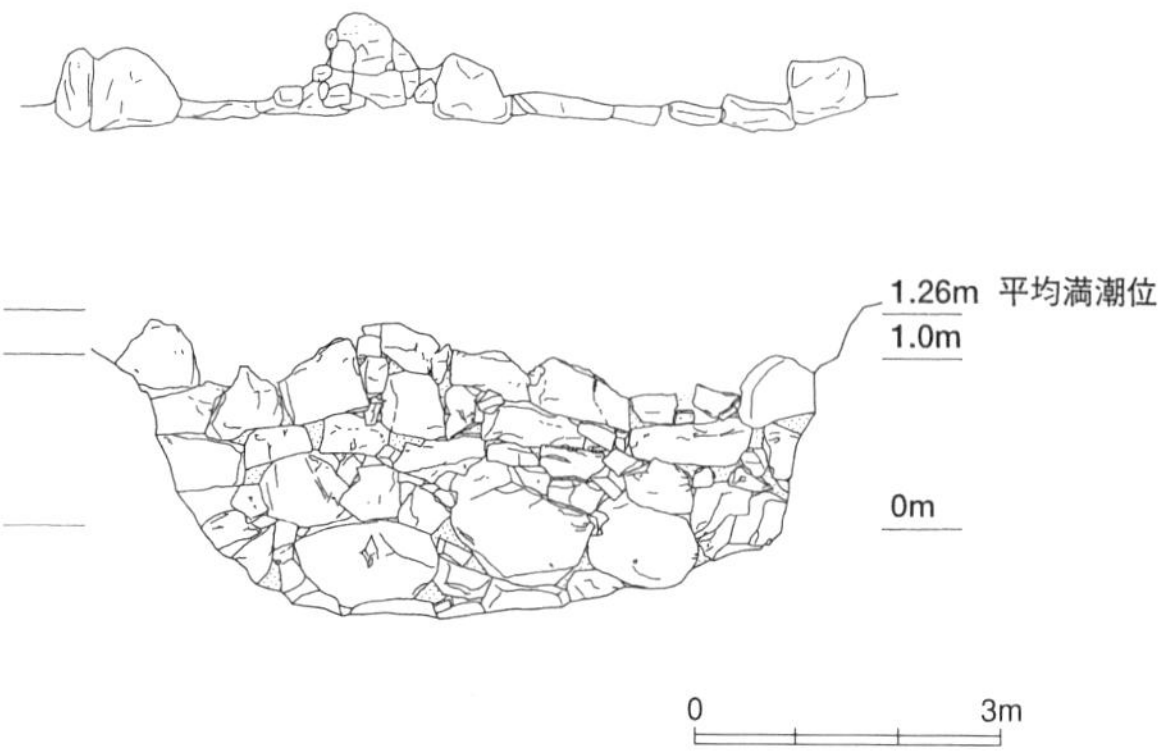

図31　西側護岸石垣　出島築造当初石垣

表1　西側検出護岸石垣一覧

石垣種類	工法	使用石材	拡張部規模	その他の特徴	築造推定年代
築造当初石垣	積み方　乱積み（横目地は意識）	石質　主に安山岩 形状　転石、自然石 寸法　下部は0.8m 上部は0.5～0.6m	－	勾配1：0.15（増設石垣埋設部分1：0.08） 積み直し痕あり	1636年（寛永13年）
荷揚場築足し石垣	積み方　乱積み（横目地は意識） 隅石　算木積み	石質　主に安山岩 形状　転石、自然石	竪15間×横3間	勾配1：0.2（西側の一部1：0.15）	1645年頃（正保2年頃）
第1次拡張石垣	積み方　布積み 隅石　算木積みか	石質　主に砂岩 形状　横長の平たい石を使用、表面ノミ切り仕上げ	竪15間×横3間	勾配1：0.09（西面のみ）	1699年頃（元禄12年頃）
第2次拡張石垣	積み方　乱積み（石垣残存状況が悪いため、推定）	石質　主に安山岩 形状　転石、自然石	竪15間×横3間	勾配　計測不能	1740年頃（元文頃）

らかにし、復元整備に必要な基本的な成果を挙げることが目的とされていたため、文献上で明らかになっていた荷揚場の拡張の経緯や内容を踏まえた調査が行われた。

その結果、西側扇形のライン上に合致する箇所から石垣の一部が検出され、その位置関係と検出された石垣の積上げ工法、使用石材から、出島築造当初期のものと判明した。

荷揚場の拡張　さらに、この当初石垣から西側に延長したライン上に、三列の護岸石垣が検出され、それぞれが荷揚場部分の最初の築足し、その後の拡張された石垣であることがわかった。拡張されたそれぞれの石垣には、使用石材、工法に大きな違いが見られた。西側荷揚場部分検出石垣の特徴については、表1のとおりである。

もともと、河川の先端に位置する出島は土砂が

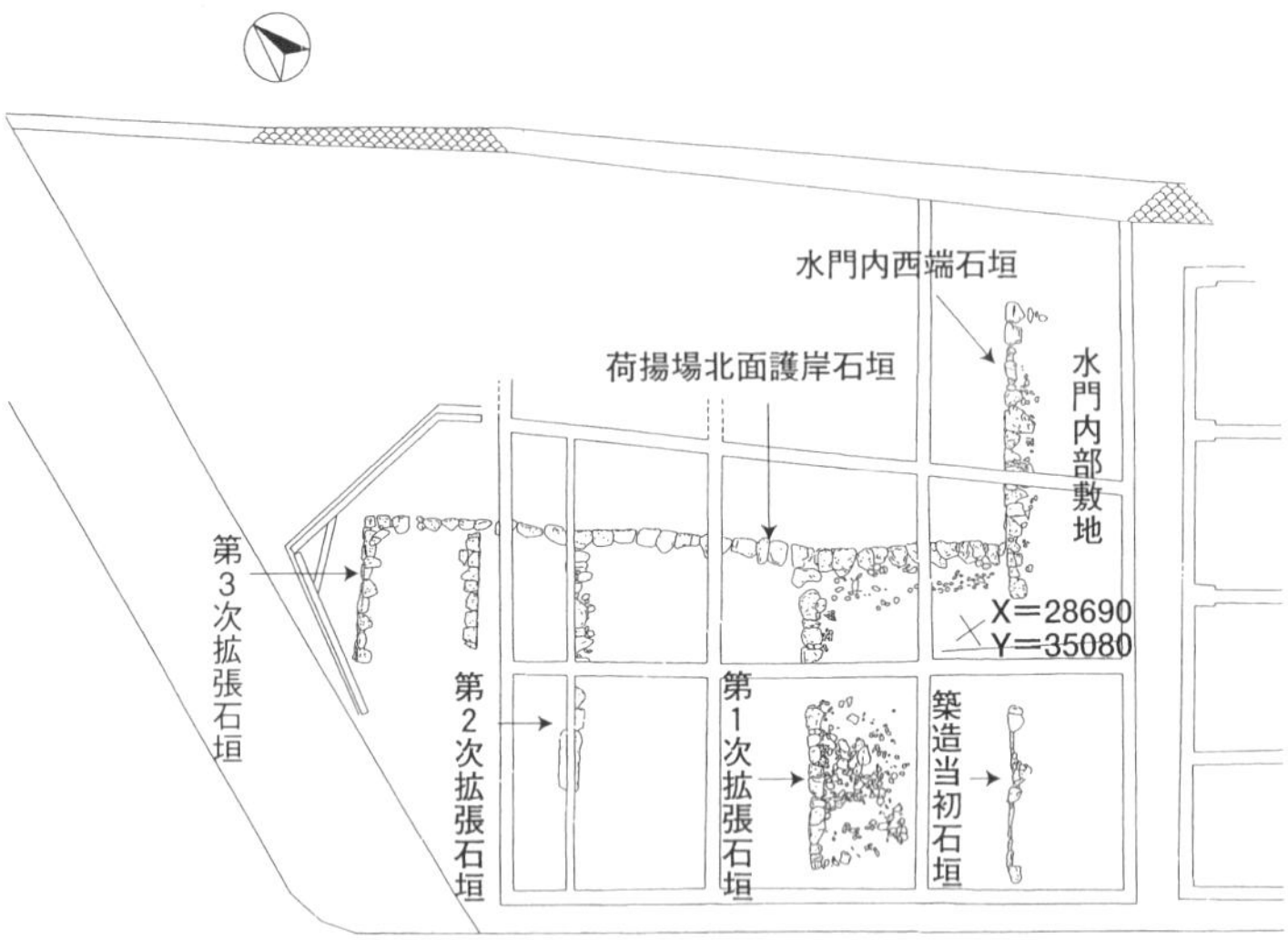

図32　西側護岸石垣　検出平面図

図33　石崎融思蘭館図絵巻　水門部分

周辺に溜まりやすく、とくにその最先端にあたる西側部分は、土砂が堆積する地点であった。出島オランダ商館の日誌のなかにも、年に数回、浚渫作業が行われていたことが記録されている。林一馬（長崎総合科学大学学長）は、この立地条件から、西側に堆積した土砂を利用し、拡張部を成形したことを指摘している。

第三次の拡張石垣は、一七四〇年頃と推定されているため、比較的多く出島図が残されているこれ以降の時代に描かれた出島のイメージと合致する。詳細を見ると、船の着岸部分には、スロープもしくは階段が描かれており、荷揚場の構造がうかがえる。

その後、十八世紀後半以降は浚渫がくり返され、荷揚場の形状は大きく変わることはなかった。一八六一年には、出島の機能が見直され、西方部を中心に順次埋め立て拡張が行われ、明治にいたり島の姿が失われる。この西方部の幕末期の拡張石垣については、長崎県が調査主体となり、二〇〇四（平成十六）年に電線共同溝整備工事にともなう発掘調査が行われた。電車の運営上、長期に渡る夜間調査が実施され、各期の拡張石垣がそれぞれ確認された。その詳細は、『長崎県文化財調査報告書第一八四集出島』に詳述されている。

2　南側護岸石垣東側の調査

現れた扇形の石垣

南側護岸石垣における本格的な発掘調査は、大きく二つに分かれる。一つは、西側護岸石垣と同じ一九九六〜一九九九年度に行われた南側護岸石垣東側五〇メートルの発掘調査と修復工事で、本節で紹介する調査である。もう一つは、南側護岸石垣西側から中央部にかけて、二〇〇一〜二〇〇五年度に行われた発掘調査と修復工事で、こちらは次節で詳しく述べる。この二つの調査により、南側護岸石垣のほぼ九割が顕在化され、現在出島の外側を巡る歩道から、この石垣と石垣上に築かれた練塀を見学できるようになっている。

未顕在化箇所については、二〇〇一年度に範囲確認調査を実施、県指定天然記念物「デジマノ

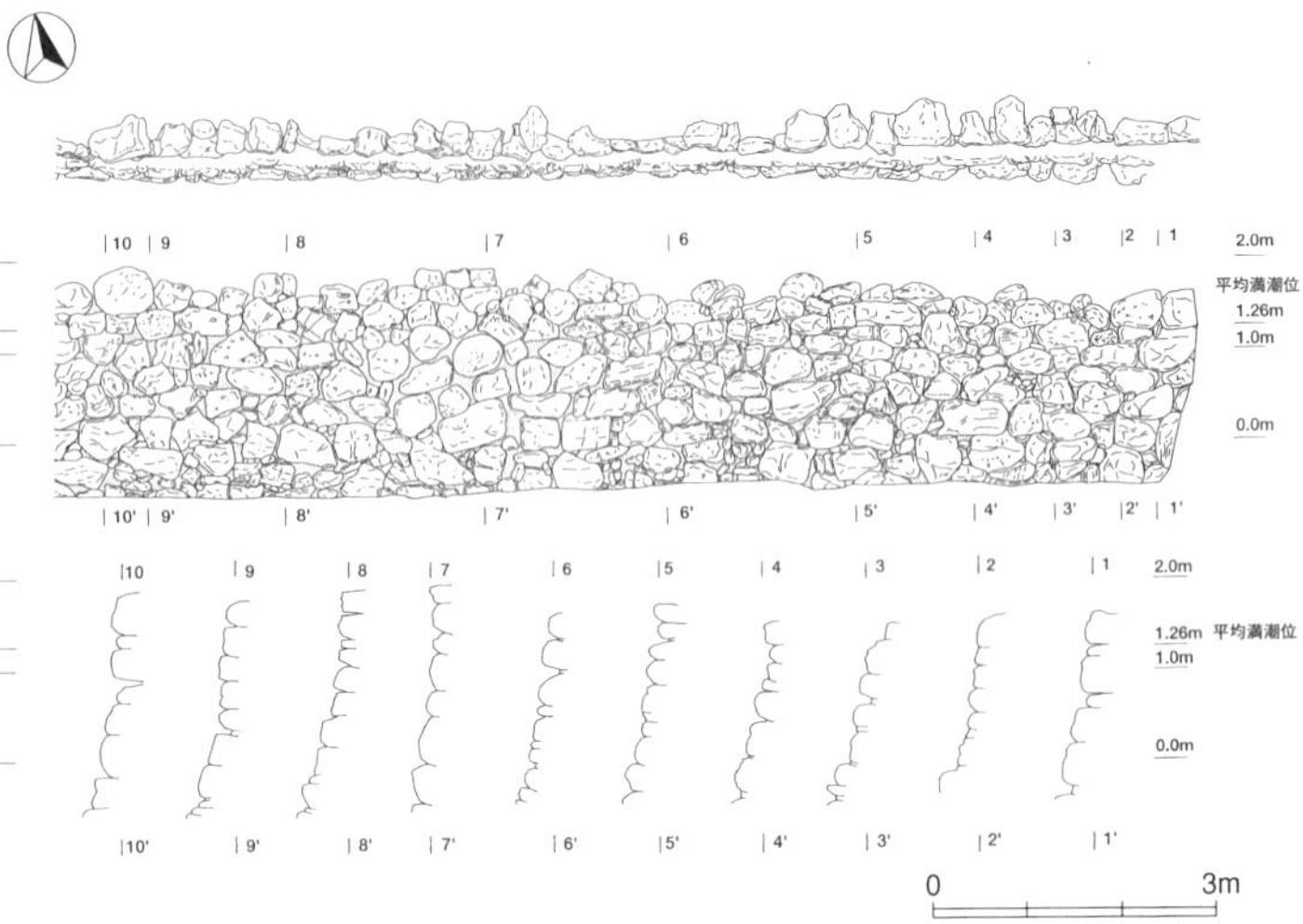

図34　南側護岸石垣東側　第１区　立面図・断面図

キ」の木の根が広範囲に広がっていることが確認された。発掘調査の前に移植する必要があると判断され、第Ⅱ期事業での発掘を断念した。

調査成果

東側五〇メートルの調査では、調査区全域から、護岸石垣を検出することができた。出島の東端に当たる南東角部は、これまでに実施された範囲確認調査などにより、現在の市道の中程に当たることがわかっていたため、本調査区はおおむね東端より約一二メートル内側に入った場所に設定されたこととなる。ここから約五〇メートル×五メートルのトレンチを石垣ラインに沿って設定し、発掘調査が実施された。

護岸石垣は、現在の地盤高から推定した石垣天端を想定すると、全般的に約三分の一の遺存状態であった。西側護岸石垣のうち、荷揚場の拡張部については、拡張時の石垣そのものが築造期一時期の工法をとどめている（積み直しの例も一部にみられるが）のに対し、南側護岸石垣については、その一つの線形および立面のなかに二百数十年の出島の歴史が凝縮している。このため、立面展開のなかには、いくつかの変換点がみられ、これが積み直し、補修の痕跡を示すことになる。実際に掘削時に検出した石垣の上部が損壊している状態というのは、一八六七（慶応三）年に南側護岸石垣の前面に遊歩道が設置され、当初からの線形を保っていた護岸石垣が無用となり、埋め立て、廃絶された時期に相当する。石垣検出時に上部石垣が欠損していた理由としては、度重なる破損により脆弱であった上部石垣を廃絶時に補修する必要がなく、壊れた状態での埋め立てが行われたか、あるいは一八六七年の遊歩道新設時に新たに築かれた石垣に石材が転用されたことなどが考えられる。

残存石垣は下部と中央部、一部で検出された上部の三つに特徴が大きく分かれる。これが大きく時期差を示すもので、段階ごとに勾配が変化し、積み石の大きさが変わることから、全体的に凹凸が激しく無秩序な印象を与える。

下部石垣は、布積み状で、石材は比較的大型の自然石を利用し、石質は安山岩が最も多い。中央部石垣は、大小の自然石を利用した乱積み、石質は砂岩が多くなる。勾配は、下部から中央部まで、一対〇・一五であった。上部石垣は、小さい積み石の乱積みで、控え長さも短く、丸みを帯びた石材が使用されている。勾配は一対〇・〇三と非常に急勾配で不安定な石積みである。

南側護岸石垣では、築石間の間詰めに粘土が使用されていたことが報告されている。これは西側護岸石垣では顕著に確認されず、南側護岸石垣の特徴の一つである。潮の干満による出島土台内部からの土砂の流出を防ぐための施工法とされる。

3　南側護岸石垣西側・中央部の調査

第Ⅱ期事業において取り組まれた南側護岸石垣西側から中央部までの約一三一メートルに渡る調査は、二〇〇一・二〇〇二年度に範囲確認調査を実施し、それを踏まえ二〇〇三年からの三カ年で本格調査および修復工事が行われた。本事業では、石垣復元小委員会を設置し委員の指導の元で調査および修復に当たったため、途中経過報告などの記録が充実しており、詳細な発掘調査成果を紹介することができる。以下、二〇〇三～五年度の調査を年度ごとに詳述していく。

（一）二〇〇三年度の護岸石垣発掘調査

南側護岸石垣の西側部分、すなわち乙名部屋、カピタン部屋涼所に近接する石垣ライン（五・六区）の発掘調査を、二〇メートルに渡り実施した。この西側部分も、その西方には料理部屋があり、さらに西方の国道上に西南端の角部が位置することが想定されている。

調査の結果、石垣は一〇メートル全域で検出されたが、石積み上部は近代以降の建物基礎による撹乱を受け、天端石とその直下に相当する積石は確認できなかった。残存していた石積み高さは二・五～三・〇メートルで、九～一〇段ほどである。

石垣前面の土層は九層に分かれ、一～五層は一八六七（慶応三）年の遊歩道整備時の埋立てによる客土であることがわかった。六、七層は満潮時に潮の影響を受ける高さで、ヘドロ層と礫層であり、八、九層は捨石上面に位置し、ヘドロと玉砂利が混じり合った土層であった。遺物は六、七層から最も多く出土し、主要遺物の年代は十九世紀前半～中葉に当たる。八、九層からも若干の遺物が出土、年代は六、七層とほぼ同時期のものであった。

石垣前面の捨石上面は標高マイナス〇・四メートル前後で、大型の石と玉砂利で構成され、掘削幅である二メートル全域で確認された。基盤事業の確認のため、一部で捨石上面から深度約一メートルほど掘削を行ったが、捨石礫層はさらにつづき、頑丈な根固めを行っていることが確認された。

図35　南側護岸石垣5・6区　石垣前面捨石基盤の掘り下げ

石積み解体調査の実施にあたり、事前に積石の欠損および破損状況の調査を行い、孕み出し等により修復が必要な範囲を石垣復元小委員会で審議し、解体範囲の決定を行った。また、岩質調査により、南側護岸石垣を構築する石材は、角閃石安山岩、砂岩、礫岩の三種が中心となることがわかった。各石材の産地は、安山岩、砂岩が長崎市小ヶ倉産、礫岩が香焼島、神ノ島産である。

これらの事前調査終了後、解体調査に着手し、石積み上段から順に八段目までの解体を行い、以下の状況が確認された。八、九段は、調査範囲の東側半分にのみ残存していたが、全体的に近代以降の撹乱の影響を受けていたため、安定した石積みおよび裏込めの構造は確認できなかった。六、七段の裏込めについては、礫、瓦、煉瓦が多量に混入した褐色土が確認され、裏栗石（積石のすき間に補強のために詰める石）はみられず、強度的にもろい状態であった。調査区西側では、五段からは裏込めへの土の混入が少なくなり、二〇センチ内外の丸みを帯びた礫が石尻の後背に見られた。また四段目も、裏込めが石尻から北側に約一・九メートルの範囲で確認され、丸みを帯びた礫と粘土により構成されていた。調査区東側では、五段目以降の裏込めに褐色粘土が確認され、その粘土間に大きさ三〇センチ内外の割礫が敷きこまれた状況を検出し、裏込めと積石が一体となった構造体が確認された。石積みについても、五段目以降からは、全体的に数カ所から胴飼石（築石の胴部の補強をする石）が確認され、石材間の合端もあっていた。

　三段目上面については、一部で胴飼石、艫飼石（築石の石尻部の補強をする石）が確認された。積石は、石面の長軸を横方向に並べ、比較的横目地が通る状況であった。裏込めについては、粘土と割石で構成されていた。二段目の石積解体は、孕み出しが著しい調査区西側を中心に一部で行った。裏込めの状況は、三段目と同様の状況を呈する。

　石積みの解体が最下部に及んだ一カ所で、根まわりの精査を行った結果、現在の二、一段目以降には、石積みの形状をなす石は確認されず、この部分が根に当たると考えられる。石積み底面には、石垣前面からつづく割石を中心とした礫層がみられ、さらにこの部分の深掘りを行ったが、胴木などの構築物はみられなかった。

　石積み四段目以下で、積石と裏栗石間に顕著に確認された粘土は、目視による観察では小粒子で良質であった。分布は積石の中程から、割栗石の間に隙間なくみられ、さらに北側（出島敷地内）に広がる。粘土が検出された高さについては、平均満潮位高さ標高一・二五メートルより下位にあたるため、潮の影響と密接な関連をもつものと推測される。

裏栗石については、部分的な差異はあるが、平均的には石尻から約一・五メートルの幅で確認され、また、一〜三段目の裏込めからは、粘土と割石の間に極小の玉砂利の混入がみられ、目潰し（すき間を埋めるための小石）と考えられる。

このほかに、石垣構築の基盤となる土層の調査を行うため、調査区西側を中心に敷地内のコンクリートを破砕し、さらに北側に調査範囲を拡大し、裏込めの広がりと土層の堆積状況を確認した。その結果、二、三段裏込めで顕著に確認できた割石と粘土の土層が、石尻からさらに北側に三・七メートルにわたり連続することがわかった。さらに出島中心部に向かってつづくことが予想され、出島の下部に広範囲にみられることがうかがえる。この礫混じり粘土の上部に、明黄褐色土層の堆積が確認された。この土層は安山岩風化土で、出島の対岸にあたる丘陵地に堆積する土である。本土層による埋め立ては、石垣の裏栗石が込められた範囲に接する。

裏込めからの出土遺物については、六〜九段からは十八〜十九世紀前半を主体とする遺物が出土、五段からは十七世紀後半〜十八世紀前半を主体とする遺物が出土している。三・四段からは、十七世紀後半〜十八世紀初頭を主体とする遺物が出土している。二段からも三・四段と同時期の遺物が出土するが、出土量は少ない。二〜四段から出土した遺物は、陶磁器の内容やパイプなど出島オランダ商館時代にともなうものであるため、二段目と三段目の一部については、出島築造当初期までさかのぼらず、その後早い段階で石垣の改修が行われたことを示唆するものと思われる。その他に、切断痕がみられる牛骨が大量に出土しており、特徴的なこととして挙げられる。本調査で、石垣前面および裏込め中から出土した遺物は、約三万四千点に及んだ。

（二）二〇〇四年度の護岸石垣発掘調査

南側護岸石垣西よりから中央部にかけて、石垣ラインに沿い、約七〇メートル（七区～一三区）に渡る発掘調査を実施した。三カ年に渡る調査計画のなかで、最も調査範囲が長い区間であったため、当初から石垣の線形や勾配の問題など、構造物として大きくとらえた際に明らかにすべき問題点を念頭に置いた調査が求められた。

調査は、前年度に連続する西側の調査区から一〇メートルごとに一区画とし、七区から調査を開始、順次作業を進め、一三区までの石垣検出を行い、二〇〇五年一月末にすべての修復作業を終了した。

護岸石垣検出　石垣想定ラインを中心に七区から順次東側に掘り進み、残存石垣の上面を検出、その後石垣前面の掘削を行った。石垣は七〇メートル全域で検出、石積み上部は近代以降の建物基礎による撹乱を受け、天端石は確認できなかったが、石垣の遺存状態は他地点にくらべ良好で、石積み高さは二・五～三・四メートル、積石段数は六～一一段で、最上段の標高が二・八メートルであった。

石垣前面については石垣に平行して数基の埋設管が布設されていたため、地表面から約二メートルの深度まで後世の撹乱を受けていた。これより下部については、昨年度と同様の土層の堆積状況が確認され、六層のヘドロ層以下、七層の礫層、捨石上面にあたる八層のヘドロと玉砂利が混じり合った土層が確認された。遺物は六層および八層から多量に出土、主要遺物の年代は十九世紀前半～中葉に当たる。

石垣最下段にあたる一段目の築石（石垣の表面

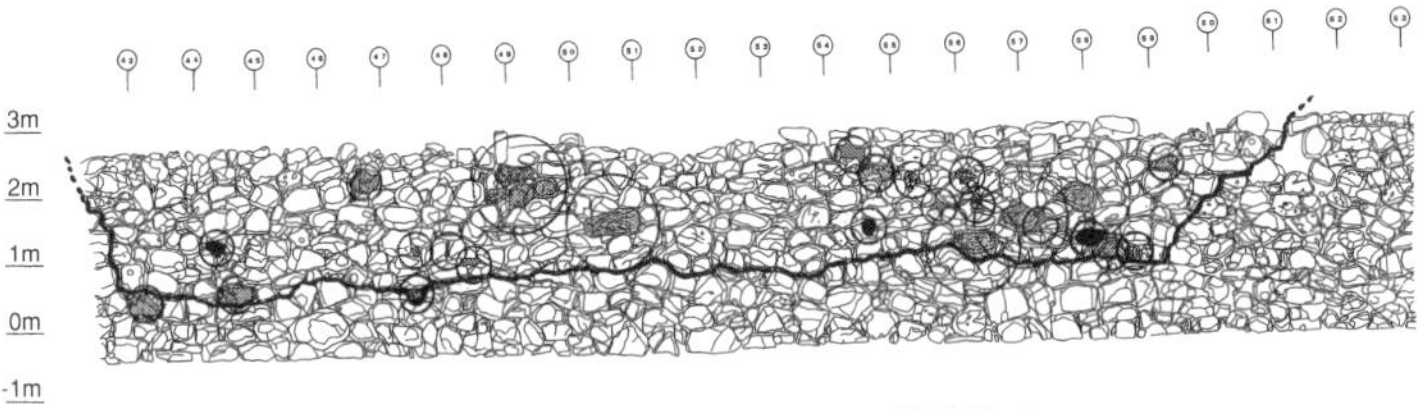

図36　石積み調査（破損・欠損・積み方）

図37　石材番付け（左）と墨打ち（1m方眼、右）

に積まれている石）の下面レベルは、平均すると標高約マイナス〇・六メートルで、それより下部については石垣前面部に大型の安山岩系石を用いた根固めがみられ、その上部から玉砂利が検出された。

石積み検出後、解体に先立ち積石の欠損および破損状況の調査を行い、孕み出し等により修復が必要な範囲を石垣復元小委員会で審議し、解体範囲の決定を行った。

また破損状況調査と合わせ岩質調査や石積み工法の検討（石材一次調査）を行った。岩質調査から南側護岸石垣を構築する石材は、角閃石安山岩、砂岩、礫岩の三種が中心となることがわかった。各石材の産地は、安山岩、砂岩が長崎市小ヶ倉産、礫岩が香焼島、神ノ島産であった。

石垣解体調査

石垣の解体に先立ち、一メートル方眼の墨打ち、石材への番付け、水平ラインの記入を行い、その後方眼ごとに写真撮影を行った。現況勾配の確認のため、基準勾配および折れ点推定ラインに遣り方を設置し、上段から順次解体を行った。

石積みの解体に際しては、破損のないように留意して作業を行い、築石間の胴付きの状態、介石の有無、風化・破損の状況、孕み出しの原因などを調べ、石垣修復時の基礎資料とした。解体後、石材二次調査（規模、破損・風化の状況、評価、種別、加工痕など）を行い、石材調査票を作成した。

裏込め調査　約七〇㍍《メートル》に渡る七〜一三区の裏込め調査により、数種の裏込め工法が確認された。

一一・一二区においては、上段にあたる石積み一一段目では裏栗石はみられなかったが、一〇〜一六段目付近では裏込めに石列を配した構造が確認された。この石列は、築石の前面から約九〇㌢《センチ》幅のラインに北側に面を取った状態で配置されたもので、築石と石列の間に栗石が込められていた。

五段目が裏込め工法の変換ラインにあたり、四段目以下粘土と割栗石の裏込めへと変化する。五段の裏込めは、丸みを帯びた礫と褐色粘土が用いられ、炭化物が混入する。四段目以下は大型の割礫が敷き込まれ、間に粘土がみられる。築石の控え長が五〇〜六〇㌢《センチ》と大型になり、堅牢な構築であった。この裏込め構造をもつ石積みは、築造当初の様相を呈していると考える。

この一連の解体調査により、石垣がおおむね下部、中央部、上部でまったく構造が違うことがわかった。さらに築石の間詰め間（築石と築石のすき間）に粘質土も確認され、第Ⅰ期事業で行われた南側護岸石垣東側の状況と合致する。石積みの強度を見てみると、上部の裏込め工法は、裏込めが少なく、非常に弱い構造である。しかしながら、潮位を考慮すると、高潮のときでも裏込め工法中央部に当たる石積み七段目付近までしか潮が上がらないため、最低限この高さまでの強度が保てていればよかったのであろう。

その他の検出遺構

石垣の他に、石列および二基の石製溝が検出された。

石列は七区の石垣裏側から、石垣に平行するラインで、約八メートルにわたり検出された。石列上面が標高二・五メートルと揃っていることから、構造物の基礎遺構と推測される。

石垣中からは、二基の溝が検出された。七区検出の溝はコの字型に刳り貫かれた石造り溝で、石積み七段中より検出、カピタン部屋跡敷地の調査時にカピタン部屋の室内から南側に向かい暗渠として構築されていたことが確認されていた。

一三区から検出された溝は、石積六段中から検出、砂岩系

図38　裏込め（上：10段目、中：６段目、下：４段目）

の板石を組み合わせ、間詰めにアマカワが用いられていた。

地盤調査

出島の築造技術について検討するため、護岸石垣の調査にあわせ、連続する敷地の地盤調査を実施した。中央広場の南側部分を深掘りし、断面六〇ラインを中心に南北にトレンチを設定、石積み一段目より下部にあたる標高マイナス一メートルまで掘削を行った。一部コンクリート杭により攪乱を受けた状況であったが、東壁土層の精査を行った結果、土層は七層に大別され、下から出島築造時の基盤層、埋立て土、整地面、出島和蘭商館時代の焼土層、盛土、近代の攪

図39　護岸石垣外への排出口（上）と排水溝暗渠部（下、上から撮影）

図40　出島地盤調査状況

乱が検出された。

出土遺物

以上の調査から、約九万二千点に及ぶ近世陶磁器を主体とした遺物が出土した。

石垣前面からは、八区を中心に大量の西洋銅版転写硬質陶器が出土、イギリスのダベンポート窯など十九世紀中葉を主体とする遺物が多い。このほかに、輸出向け有田焼色絵磁器や亀山焼など一八六七（慶応三）年埋立て直前の状況を示す資料が出土、一三区からはコンプラ瓶のまとまった出土例が確認された。

裏込めからの出土遺物については、段ごとに取り上げ石垣直上と裏込め土中に大別、さらに裏込め工法の違いにより、細分を行った。その結果、主要遺物の年代や出土数の増減により、数回の修理歴が推測される。

一一～一〇段目については、裏込めが広範囲に攪乱を受けていたため、遺物の出土数が少なく、近代以降の資料も混入する。

九～五段目裏込めからは、これまでと同様に染付ＶＯＣ字文芙蓉手皿、染付ＮＶＯＣ字文月桂冠皿、金襴手様式色絵壺等十八世紀前半に製作された資料が中心となる。このほか、国産陶器、ガラス製品、軒桟瓦、本瓦、煉瓦、クレーパイプ、獣骨（鳥、牛）等が出土し、オランダ商館時代の生活全般に渡る廃棄物が混入する状況を呈する。石垣直上については、裏込め出土遺物と同様の内容であるが、一部幕末期の遺物の混入がみられ、石垣前面からの遺物流入が推測される。

四段目上面については、上段まで及ぶ石垣改修の際に若干の遺物が混在し、以下の段からは出土遺物がみられなくなる。遺物が混入しない状況からも、これ以下の石積みが出島築造当初期のものであることがわかる。

図41　南側護岸石垣と石垣２

図42　石垣前面コンプラ瓶出土状況

(三) 二〇〇五年度の護岸石垣発掘調査

中央部から東より、すなわち旗竿広場から旧長崎内外クラブに近接する石垣の調査、修復を行った。当該地点からは、石垣２の検出とその一連の調査が特筆すべきこととして挙げられる。石垣２は、基本となる護岸石垣から北側に三メートル入った地点で検出された。石積みは四～五段で、使用石材は安山岩が中心となる。石積みの立面面積は縦一・四メートル×横一〇メートルに渡り、この前面に位置する箇所の往時の南側護岸石垣はまったく検出できていない。このことから、往時の石垣と石垣２が一時期に共存したことは考えがたく、往時の石垣の一部を切りかき、石垣２が築かれたと考えられる。幕末頃に撮影された古写真中に、中央部の石垣の一部が奥まっている写真が認められたため、この時期、南側護岸への船での接岸が許される社会情勢のなかで、このようなさらなる構造的変化がもたらされたことが推察された。

もう一つ特筆すべきこととして、コンプラ瓶の大量出土が挙げられる。以前に行われた範囲確認調査により、現旗竿広場付近の石垣外に大量のコンプラ瓶が埋まっていることが確認できていたが、その主体部の調査を実施した。その出土状況は、その他の遺物が若干混入するのみで、ほとんどコンプラ瓶のみの土層をなしていたため、一括廃棄の状況と思われる。現在、個体数、破損状況、種類（酒か醤油瓶）などを整理中である。

検出した石垣については、二〇〇三年度、二〇〇四年度と同様の状況であった。しかしながら、石垣の遺存状態については、二〇〇四年度調査区は非常に残りがよく、上端部付近まで確認できたことにくらべ、出島東側に相当する二〇〇五年度調査区は上部および中央部が欠損し、下部のみが残存している状況であった。この遺存状態は、一九九六年度に調査が行われた東側調査区でも同様であったため、西側と東側で明らかな差異が見てとれる。

4　護岸石垣の修復

西側護岸石垣、南側護岸石垣ともに発掘調査を行った地点については、それぞれ石積みの修復とその公開を行っている。とくに公開方法については、それぞれの周辺環境に応じた方法を検討し、石垣部分の顕在化を行っている。

西側護岸石垣の修復と公開　西側護岸石垣では、築造当初の石垣の発見と、その後の荷揚場拡張にともなう一連の石垣の検出が大きな成果であったため、これらを主体とした顕在化が行われている。築造当初、荷揚場築造、荷揚場第一次拡張の石垣のそれぞれ一部に、四角形の堀を設定し、そのなかで拡張される出島荷揚場の歴史を紹介している。またこれらの状況が連続してみられ

図43　南側護岸石垣　石積完了状況

るように、荷揚場の北側部分に沿って、堀を構築している。このなかで、時代的な石積み技法の変遷や、主体となる使用石材の相違がわかる。また、中島川から水が自然に入ってくるようにしているため、潮の干満にあわせて、水位が変化する様を見ることができる。往時の出島を取り巻く環境を感じることができるだろう。

南側護岸石垣の修復工事

南側護岸石垣については、発掘調査成果にもとづき、長期に渡る修復工事を行った。とくに施工範囲が大きかった二〇〇四年度を例に、修復工事の内容を述べる。

発掘調査時に行った石材一次調査と現況測量、解体調査時に行った石材二次調査と解体段ごとの築石間の記録にもとづき、原状に復することを第一に修復工事を行った。

石材については、可能な限り旧石材を用い、破損しているものおよび風化が著しいもののみ交換を行った。交換材は、安山岩については諫早市小長井産の同種の石材を使用、砂岩、礫岩については諫早市飯盛産の砂岩を用いた。石材の加工については、必要な荒割にはドリルを使用したが、最終調整はげんのうを用い、昔ながらの手作業で行った。

石積み勾配は、一対〇・〇八～一対〇・一二とかなりの幅をもち、度重なる修復やその後の孕み出し、破損、欠損などさまざまな様相を呈してい

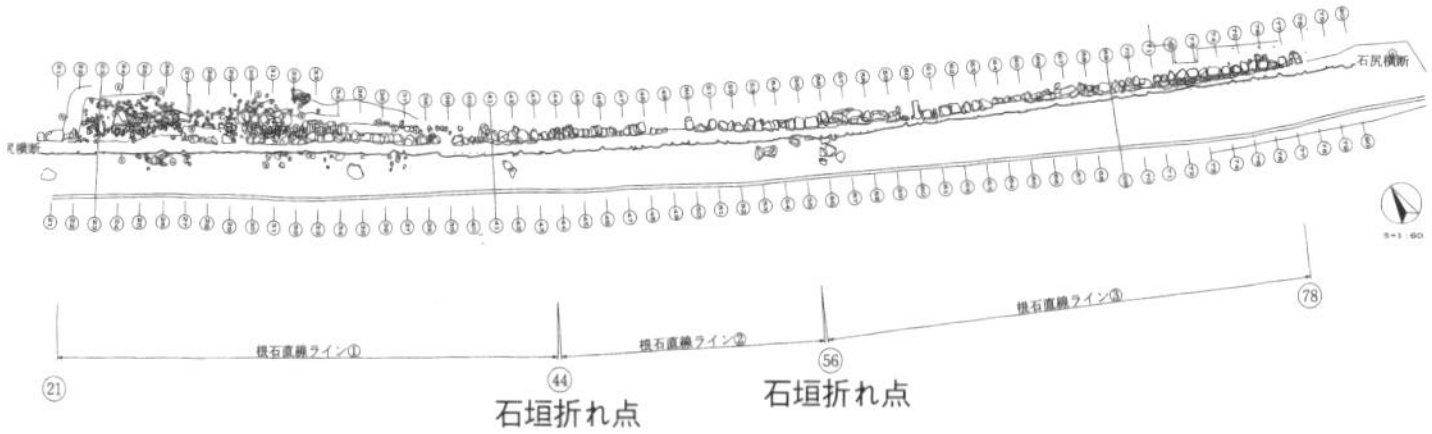

図44　護岸石垣平面図（根石ライン）と折れ点

図45　修復前後の石垣（1ｍ方眼）　Ａ－51解体前（左）、修復後（右）

た。このため、石垣検出時の状況から不安定箇所を割り出し、一《メートル》ごとに測量を行った立断面のなかから、安定感のある断面図、往時の勾配を留めていると思われる箇所の抽出を行った。その予想を念頭に解体調査を進め、実際に孕み出しによる勾配の狂いが生じている箇所と、その後の修復による時期差を示す変換点である箇所を区別した。その結果、基準となる勾配を選択し、その基準勾配をつなぐ形で全体的な整備を行った。基準勾配はおおむね一分八厘とし、西側では現況に合わせ、若干緩やかな勾配をもち、中央部の石垣は立ち上がってくる。この作業の過程で、解体調査完了時、当初石垣が全体的にみられる状態で、いくつかの屈曲点が弧状のラインの平面上に確認された。このことから、南側護岸石垣のラインが弧状ではなく、いくつかの折れ点をもち、直線的な石垣の連続によって構築されていることがわかった。

石積みにあたっては、解体前に墨打ちを行った一メートル方眼を基準とし、新規石材への交換や孕み出し補修が必要な際にも、この方眼内で調整を行うことによって、原状復旧が可能となった。このほかに、重箱積みや巻き石など、旧来通りに積み戻すことが石積みの強度を損なう可能性が高い箇所については、石垣復元小委員会委員および石工棟梁、土木施工担当者との協議のうえ、若干の修正を行い、問題点の解消に努めた。

南側護岸石垣上部の石積み欠損部については、新規石材を用いての復元を行った。復元の指針としては、その下方部の石積み状況を参考に、使用石材やその大きさを吟味し、雰囲気を損なうことがないよう取り組んだ。

その当時、「石積み使用石材が旧材の七割を切ると、往時の石垣とはいえず、別の石垣とみなす」という考え方があることを聞いていたため、この復元箇所も含めて旧材の使用が七割以下にならないように努め、旧材の取り上げ、保管は慎重に行い、新補材の使用を三割以下に抑えた。

修復工事が完了した南側護岸石垣は、現在一般に公開されている。先行して整備が行われた東側については、居留地時代の出島に近接し前面に旧出島神学校がみられる空間なので、往時は石垣上に築かれていた練塀については、景観的な違和感をもたらすため構築していない。それに対し、西側から中央部にかけては、復元建物を引き立てる景観形成の一環として、高さ九尺（約二・七メートル）の練塀の再現を行っている。

5　調査成果と問題点

一連の発掘調査によって、出島の護岸石垣については、数々のことがわかってきた。西側護岸石垣では、築造当初石垣の確認と荷揚場の変遷をたどることができたことがいちばんに挙げられる。また、以前より西南角部の位置が不明瞭であったが、西側護岸石垣とその後二〇〇四年度に行った水門付近の範囲確認調査時に検出した西側護岸石垣の一部を繋げることによって、この位置の想定が可能となった。

南側では、連続した長い範囲の調査によって、弧状のラインの検討が行われ、南側外側のラインが直線を連続的に繋げることによって形成されていることがわかった。このように、調査の積み重ねによって出島のアウトラインはしだいに明確になってきているが、東側護岸石垣とすでに削平されている北側石垣については、まだ情報不足の感がある。

印象としては、南側護岸石垣の石積みは、根石の築造は堅牢であったが、その後の破損箇所の修復内容については、使用石材の規模が小さくなり、積み方も荒く、立派な石垣とは思えないものであった。これは、南側という地点が海に面し、往時は海側から出島に近づくことは許されない状況であったため、機能のみ満たしていれば、立派に見える石垣を築く必要がなかったためと思われる。この比較として、北側の長崎市中に面した箇所の石垣が確認できないのは残念なことである。

また、もともと出島の築造にかかわる経費は長崎町人の出資によるもので、平戸オランダ商館が松浦藩によってつくられた経緯と異なることも挙げられる。さらに、自然災害による修復工事が行われた十八世紀後半については、ちょうどオランダ東インド会社の経営が傾き、出島の商館でも赤字続きであったといわれる時期にあたるため、充分な手当が行き届かず、翳りゆく商館の実態をも示唆しているように思えてならない。

使用された石材については、出島敷地内の建物基礎と同じく安山岩が築造当初から多用されているが、十七世紀の中頃に、砂岩、礫岩が主体的に使用される傾向にある。西側護岸石垣では、第二次荷揚場拡張石垣で用いられ、南側護岸石垣では石積み中段からこの石材が混入する傾向にある。一七〇二（元禄十五）年に竣工した新地唐人荷蔵跡でも、護岸石垣にはおもに砂岩が用いられていることが報告されている。この時期、市内において埋立地造成時の石材として意図的に砂岩が供給されるシステムが存在したのではなかろうかと推察する。

出島の主要石材はその後また安山岩に戻るが、石材不足からか江戸末期には脆弱なその他の石材も使用される例がみられた。この一連の動きは、石材供給地の観点で見てみると、当初は出島近辺の丘陵地や河川から入手され、その後長崎港内の神の島や香焼方面まで石材供給地が広がり、最後は、長崎港外の島嶼部までいたっている。長崎港内外であれば、海運を利用して石材の運搬が可能であるため、山から切り出してくるよりも入手しやすかった可能性が高い。

出島の構造上の問題としては、地盤調査を行った結果、埋立て土が礫と粘土によって構成されていることがわかった。この粘土については、もともと海水の島内地盤への流入と、島を形成している土砂の流出を防ぐために混入されたと考えられている。ただし、数百年による潮の干満の影響を受けつづけている出島の下部構造においては、土砂そのものがこの間に変化するという指摘も受けている。出島の築造方法と密接に関連するだけに慎重に議論を重ねていきたい。

出島の特徴的な扇形の姿については、「出島築造の謎」と称され、これまでもさまざまな視点から研究が行われているが、具体的な発掘調査状況の提示を行うなかで、土木工学、石垣技術史、土壌や岩石の専門家の意見を聴き、今後も検討を行いたい。

護岸石垣は、往時の出島の姿を現在に伝える貴重な遺構である。遺構保護のため、江戸期の遺構検出面を一部を除いて埋め戻している現状において、出島築造から幕末までの約二〇〇年間に及ぶ歴史的経過を最もよく体現しているといえよう。

復元整備事業のなかで、石垣は、はっきりいえば地味な存在であり、あまり返り見られていない感があるが、海中を埋め立ててつくられた人工の島、隔離された場所、扇形の島、という出島の根幹をなす部分がここに凝縮されているのである。整備事業の進捗においても、復元建物の建設工事に着手する前に、土台となる護岸石垣の発掘調査、修復工事を完了する必要があり、しかもその工程の遅れがその後の事業に影響を与えてしまうため、非常にプレッシャーの多い工事であったことを覚えている。それも、先述のとおりつねに潮の干満の影響を受けながらである。

完成された護岸石垣については、その工事内容はもちろんのこと、現在の出島の景観形成のなかで重要な位置を占めており、復元建物を囲む練塀と護岸石垣の存在によって、本来の出島の姿が喚起される。

護岸石垣の発掘調査については、道路の一方通行への変更、調査区と整備区域の確保のために事前に実施したコンクリートの矢板打の工事など、二〇〇三年の調査着手までに長い環境整備があり、発掘調査を始めたときは、ようやくという感があった。

そのようななかで取り組んだ発掘調査では、本来的な護岸石垣のあり方、出島の特異性、度重なる石垣補修の痕などさまざまな成果を挙げることができ、さらに出島の築造方法への土木的なアプローチや埋立て土の検討など、さまざまな議論が行われた。その成果として、石垣検出時の記録、解体調査時の記録、石垣修復工事の記録と膨大なデータを得ている。今後、このデータを整理し、あらためて発掘調査報告書、石垣修復工事報告書の刊行を予定しているため、詳細はそちらに譲りたい。

V　世界を語る出土資料

貿易品として、また伝えられた文化として出島を介して日本国内に持ち込まれたものは多岐に渡り、出島の出土遺物は、まさに当時の世界における文物の動きの一部を示している。さらに、日本から輸出された貿易品や海外に紹介され高く評価された漆器や陶磁器など、出島を経由した文物の出土により、当時の世界における日本の位置付けをうかがい知ることができる。

出島では、これまでの調査において約八〇万点の遺物が出土している。その内容は多岐に渡り、出土地点により、内容および製作年代に差異が見られることがわかってきた。本章では、まず出土地点ごとに遺物の出土状況を概説し、後に出島を表現する二つのキーワード「貿易」と「生活」に分け、その内容を詳述する。

1　土地利用と遺物の出土状況

検出遺構の項で詳述したとおり、出島の島内には、さまざまな設備、機能が設置されている。大きくは、「商館員を始めとする出島にかかわる人びとの居住空間」、「輸入品を納める蔵や積荷の検査を行う荷揚場などの貿易空間」、「商館の共有空間といえる庭園や菜園部分」、「出島の中央を東西に横断しさらに四つの区画に分断する道路」、最後に「出島の輪郭を形成する護岸石垣とその前面」の五つに大別される。

居住空間における出土状況

「商館員を始めとする出島にかかわる人びとの居住空間」では、建物の建て替えによる敷地の変遷を考慮して、空間における遺構の分布状況を精査すると、大きく建物の礎石が検出される居宅のゾーンがあり、その裏庭もしくは側面の空き地から多数の土坑群が検出される。居宅内部における遺物の出土は火災後の大々的な地盤整備などにおいて見られるのみで、敷地内の発掘調査における遺物の出土は、そのほとんどがこれらの土坑群からの出土である。土坑は、そのほとんどが廃棄土坑であり、割れた建材や陶磁器類、食物残滓などが混在する。陶磁器類には、使用痕と思われるキズ痕や鍋底には調理の際に火にかけた痕が見られ、牛骨にも裁断痕（解体痕）がみられる。まさに、生々しい生活の痕跡である。そのなかで、特徴的に瓦のみが集中して出土する土坑やワインボトルの破片が面的に広がる集中箇所が確認され、特異な状況での廃棄がうかがえる。

貿易空間における出土状況

「輸入品を納める蔵や積荷の検査を行う荷揚場などの貿易空間」でも、同様の状況を呈し、蔵の裏手の空き地部分、通常は貿易品の梱包や品物検査を行う場所であるが、この地点から大型の土坑が検出されている。具体的には、一番蔵から三番蔵までの敷地の北方を指すが、廃棄物の処理は出島内で行うのが基本で、空き地部分はどこでも利用していたことがうかがえる。ただし、折損した棹銅の出土数については、三番蔵周辺からが最も多く、棹掛荷改などが行われていた場所であったことに起因すると推測される。

庭園・菜園における出土状況

「商館の共有空間である庭園や菜園部分」からは、大型の掘り込み廃棄土坑内部や同種の資料が面的に一括廃棄された状態で遺物が出土する。居住空間の裏庭などを利用した小規模な廃棄とは異なり、比較的広い範囲に、まとまった状態でゴミの廃棄を計画的に行った感がある。このため、廃棄土坑の広がりが大きく、遺構の立ち上がりもしくは遺構検出面のラインが緩いため、遺物包含層もしくは遺物含有ブロック状の堆積土として認識することができる。この地点からの出土遺物は、周辺居住空間からの持ち込みによるものなので、誰がどのように使用したものか、という問いには出島全体が対象となってしまうが、フリューゲルグラスのようなヨーロッパ製の高級ガラス器が出土することから、出島における生活レベルを推測することができる。また、まとまった牛骨の出土例なども本地点におけるものであり、通常の生活空間には持ち込めないような廃棄物の場合、この地点に持ち込まれるため、特徴的な遺物出土例が必然的に多くなってくるものと思われる。

道路における出土状況

「出島の中央を東西に横断し、四つの区画に分断する道路」では、遺物の出土する場所が明確に分かれる。道路の舗装面およびその後の盛土による再整備された舗装面については、遺物はほとんど混入せず、固く締まった強度の高い施工方法で仕上げられている。しかし、道路から出土した遺物は、約一〇万点と非常に多く、そのほとんどが道路中央に溝状に掘り込まれた箇所から出土しているのである。出土遺物は、十七世紀末から十八世紀初頭の海外輸出向け有田製磁器で、金襴手様式のものが多く見受けられる。これは、道路の中央に配置されていた溝が、ある時期廃棄され、建物に近接する場所、すなわち道路の両側端に配置換えされるなかで、中央の溝内部への集中的な遺物の廃棄行動がとられたものと思われる。したがって溝から出土する遺物の最終製作年代が、道路における溝の配置換えの時期を示唆することになる。この時期については、これまで寛政の大火による西側道路幅の拡張時期をその変換点とする考え方があった。しかし出土遺物の年代の主体が前記のとおりであり、さかのぼっても十八世紀中頃までであることから、寛政の大火までに約五〇年の開きがあるため、これより先行して、十八世紀中頃に溝の位置の修正が行われた可能性が高い。

護岸石垣とその前面における出土状況

「出島の輪郭を形成する護岸石垣とその前面」からは、度重なる調査で膨大な遺物が出土した。まず出島の護岸石垣前面についてであるが、オランダ商館時代には、割れたものであっても海中に出島内のゴミを投棄してはいけないことになっていた。これは、密貿易禁止のために幕府がとった施策の一つであり、ガラス片など、欠片であっても、これを求めて人びとが出島に近づくことを禁止したためである。実際に、出島の周囲には、高さ九尺の練塀が巡り、敷地内の建物の一階にいても、海の外はみえない状況である。二階にあがると、港が一望できるが、固く閉ざされた門をもつ西側の荷揚場のみが波止場の機能をもち、その他の外周は海からも閉ざされていた空間であったのであろう。その後、安政の開国を迎えるなかで、出島の西側は一八六一（文久元）年から順次埋め立てがなされ、南側は一八六七（慶応三）年に、東側は一八八八（明治二十一）年に埋め立てられた。

この経緯を踏まえて、実際に出土した遺物を概観すると、護岸石垣前面の遺物は、その内容が大きく二時期に分かれる。一時期は、十七世紀中頃から十八世紀代の資料で、とくに十七世紀末から十八世紀前半の海外輸出向け肥前磁器が隆盛していた時期が主体を占める。この時期の出土遺物については、前述したようなご禁制のなかで、やはり若干の流入があり、また自然災害時の故意ではない遺物の流出などにより、蓄積されたものであると考える。中島川、銅座川による土砂の供給により、上流の他地点からの流れ込みも検討しなければいけないが、まさに出島を象徴する遺物である、オランダ東インド会社の社章であるＶＯＣの銘を記した染付皿が供伴するため、護岸石垣周辺遺物も往時の出島にまつわる遺物と考えたい。この時期の出土遺物は、比較的遺物表面が風化し、角がとれた状態で、長きにわたる潮の影響があったことがうかがえる。

もう一時期は、幕末の埋め立て直前に比定される一連の資料である。南側護岸石垣においては、一八六七（慶応三）年直前の様相を呈している。内容は、圧倒的な集中出土が確認されたコンプラ瓶、西洋銅版転写陶器、幕末期の輸出向け肥前磁器などが挙げられる。これらの資料は、そのまとまった廃棄状況から、埋め立てに際し、その客土内に廃棄物処理を兼ねて混入したことが推測される。遺物表面は、前述の古い時代の遺物の状態とは異なり、新鮮な状態で、土砂による埋め立てが行われたそのままの状態を発掘調査によって開示した感がある。どの出土資料も膨大な量であるため、器種、形態の差異などの各種の分類作業を行い、その特徴と性格について研究する必要があり、現在整理作業を行っているところである。

もう一つの護岸石垣からの重要な出土遺物は、

その裏込めからである。裏込めの調査は、石垣の整備に際し、解体が必要な箇所のみの調査となったが、解体段ごとに出土遺物の取り上げを行い、その修理履歴につき検討を行える内容となっている。出島の各期を代表する遺物が出土しているが、その内容は建材、食器類、調理器具、獣骨、パイプ、ガラス製品、金属製品とすべてを包含しているため、廃棄土坑の内容と近いものがある。出島内部におけるそれぞれの時代の生活感を伝える資料である。

2　出島の貿易①――輸出品

出島を語る上で、重要な項目の一つが貿易というキーワードである。これは、出島がポルトガル時代、オランダ時代ともに商館としての機能を有し、貿易拠点として存続が許された場所であることから、第一に挙げられる要素である。しかし、この貿易という言葉のなかにはさらにいくつもの事象が混在することから、大きく輸出品と輸入品に大別し、本節で輸出品、次節で輸入品にあたる出土遺物について、その全容を紹介する。

(一)　求められた輸出品

出島から輸出された日本国内における生産品は、金、銀、銅の鉱物、樟脳や漆器、陶磁器が挙げられる。このうち、遺物として地中から発掘されるものは、圧倒的に陶磁器が主体であり、一部棹銅が出土する。一口に陶磁器といっても、現代のように材料工学の分野が進み、さまざまな物質がゴミとして廃棄される時代とは異なり、陶器、磁器、土器、あるいは炻器にて、衣食住のあらゆる状況において必要な器や道具がつくられ使用されていた。このため、その内容は多岐に渡り、生活のあらゆる場面において登場するのである。このさまざまな用途の器を日本製の磁器に写しオランダ東インド会社が欲したことにより、出島出土の肥前磁器は多様な様相を呈する。

（二）出島出土の肥前磁器

出島からは、海外輸出向けに生産された多種多様な肥前磁器が出土する。出島を拠点とした連合オランダ東インド会社は、一六四七年から有田磁器の輸出を始めた。それより前から、当時ヨーロッパで需要があった中国磁器を貿易品として売り捌いていたが、中国が明から清に変わる動乱期には、これらの磁器の入手がむずかしくなり、代わって肥前磁器を本格的に輸出し始めたのである。有田では、その後の急速な窯元の技術進歩によって、大量生産が可能となった。肥前磁器の大量輸出は、一六五八年に中国のジャンク船が日本の磁器をアモイに出荷したことに始まる。翌年、出島のオランダ商館長ワーヘナールはアラビアのモカ向けに肥前磁器五万六七〇〇個の注文を行い、これ以降出島オランダ商館を介した日本産の磁器の大量輸出が始まった。

磁器輸出の変遷では、一六八四年にこれまで清朝が行っていた遷界令が解かれると、中国でつくられた磁器と日本の有田でつくられた磁器の海外における競合が始まる。有田の磁器は、古伊万里とよばれ、出島オランダ商館を介して、東南アジア、中近東、南アフリカ、ヨーロッパへともたらされた。

初期に輸出された製品の内容は、丸碗など小振りの磁器が主であったが、焼成技術の向上にともない、しだいに大型の磁器がつくられるようになった。そして、十七世紀末から十八世紀初頭にかけて、ヨーロッパの宮殿を飾った大皿や長胴瓶、蓋付広口壺などが盛んにつくられ、輸出向け肥前磁器の隆盛期を迎える。その後、中国の磁器製作の復興が進み、十八世紀中頃には輸出向け古伊万里はしだいに押され、肥前磁器は転換期を迎えることになる。

肥前磁器は、硬質で丈夫であったため、当時ヨーロッパでは磁器でつくられていなかったさまざまなものが、注文により磁器でつくられた。これらは、当時の日本人には馴染みがないものだったため、実物や絵入りの注文書などで、有田の陶工はその製作を試みた。このため、まったく知らない文字であったオランダ語のアルファベットなども、絵師により絵付けされた。

出島では、この初期の輸出例を示す十七世紀中頃の発掘調査を大々的には実施していないが、遺跡の残存状況によっては、該当期の調査例があり、各地点を総合的に整理すると、出島における輸出向け磁器の様式の変遷を掴むことができる。これらは、商館員の注文にあわせて生産が行われたことから、そのときどきに西欧人が必要としたものがわかり、海を渡った肥前磁器の有り様が見えてくる。以下、様式ごとに詳述する。

柿右衛門様式

初期の輸出向け肥前磁器の代表格である柿右衛門様式の色絵磁器は、十七世紀中頃までさかのぼった調査を実施していないため、出土数が非常に少ない。しかし例外的に十七世紀代の発掘調査を実施した一番船船頭部屋跡において、本様式の貴重な資料を得ている。

肥前・有田では、一六一〇年代頃より磁器の焼成が始まり、初期伊万里といわれる磁器がつくられた。この頃、連合オランダ東インド会社では中国の磁器を大量に輸入していたが、一六四七（天保四）年からは出島を通じて、日本産の磁器も取

図46　色絵菊花文輪花鉢（柿右衛門様式）

り扱われるようになった。その頃、初代酒井田柿右衛門が、磁器に赤絵を施すことに成功し、のちに柿右衛門様式とよばれる高級な輸出向け色絵磁器の焼成が始まる。

柿右衛門様式の特徴は、素地が乳白色をしていることで、「乳白手」、「濁手」といわれる。さらに、型打成形でゆがみが少ないこと、器の厚みが薄いこと、縁の部分を着色する口さびを施したものが多いことなどが挙げられる。絵柄は、余白が多く非対称の構図で、黒の細い線を用いて描かれ、赤金青緑黄の五色で上絵付けが行われる。つくられた器形は、輪花皿や丸皿、鉢、碗、角瓶、壺などのほか、人形や置物などもあった。

出島からは、前記の地点で色絵菊花文輪花鉢が出土している。同種の鉢が広島県立美術館に所蔵されているが、こちらは重要文化財に指定されている。この鉢は、ヨーロッパからの里帰り品であるため、同じ時期に出島にもち込まれ、一方はヨーロッパへ、もう一方は出島に捨てられたことがわかる。出島内においても、高級な柿右衛門様式の色絵磁器の出土は希少である。このほかには、色絵芝垣文碗のまとまった出土が見られた。

芙蓉手様式

出島からは、十七世紀後半から十八世紀代に比定されるさまざまな種類の芙蓉手様式の皿が出土した。芙蓉手とは、皿の縁の部分を八つに割り、そのなかに吉祥を意味する紋様を描く絵柄を指す。明朝末期から清朝初期にかけて中国でつくられた絵柄で、その後、これを手本に世界各地の窯でその写しがつくられるようになった。その図柄が芙蓉の花が開いた形に似ているため、日本ではこの呼称が与えられた。

出島から出土する芙蓉手は、器種は皿が圧倒的に多く、若干瓶と碗が後出する。紋様は、初期のタイプはモチーフを線書きで表した白地が多く見られる図柄で、その後皿の中央に花虫鳥文を描く、明時代の芙蓉手を模写した絵柄が主流となる。十八世紀前半には、中央の文様に鳳凰文、三果文、花盆文などの例が見られ、縁周の部分に松、竹、岩や松竹梅などを描く明時代の芙蓉手にはない意匠の出土例がみられた。これまでに出島から出土した染付芙蓉手花鳥文皿については、同資料が、有田町の長吉谷窯から出土している。長吉谷窯は、一六五五年頃から一六七〇年代まで操業された古窯で、輸出向け磁器を生産した窯の一つである。このほかに出島に関連する有田の古窯として山辺田窯や柿右衛門古窯などが挙げられる。

金襴手様式

一六九〇年代頃からつくられた金襴手様式（古伊万里様式）の色絵磁器が多数出土している。この様式は、染付けによる藍色と、上絵付による赤や金を組み合わせた配色が特徴で、器面には窓絵や区画割が描かれ、全体に細かい地文様が書き込まれる。最盛期は十八世紀初頭で、その後新しい技法や焼成法などが導入され、十八世紀中頃には新しい意匠の様式へと変化する。海外輸出向けであったこの様式の瓶や壺、皿は、大きく華やかで、ヨーロッパの王侯貴族や裕福な人びとの館の室内を飾る装飾品として使用された。出島から出土した金襴手様式の磁器はいずれも小片であるが、大皿や蓋付壺、長胴瓶などの大型の器種であることがわかる。

カップ&ソーサー

大航海時代の幕開けとともに、世界各地から茶葉や珈琲豆、カカオ豆がヨーロッパにもたらされ、貴族から上流階級の人びとまで広く喫茶の習慣が普及した。このため、喫茶に用いる碗と受け皿、ポットなどが必要とされ、有田に注文されるようになった。後にシュガーポット、ミルクピッチャーなども含めたティーセット、コーヒーセットとなり、ヨーロッパの諸窯でつくられるようになる。

十七世紀後半、オランダ人による注文生産が増えるなか、有田では欧字を記した調味料入れやお茶・ココアを嗜むための碗や皿など、その需要に応じた製品がつくられた。これらの状況を示すカップ&ソーサーや鉢、皿など、同一の紋様が描かれた磁器が出島からまとまって出土し、嗜好品を楽しむための輸出向けの食器が多数製作され、さらにテーブルウェアーとして統一された食器が求められていたことがうかがえる。

日本では、以前より酒盃や碗がつくられていたため、はじめは小碗が喫茶用として使われた。これに、

図47　色絵牡丹唐草文蓋付壷（金襴手様式）

図48　色絵小碗・小皿（カップ&ソーサー）

使い勝手の良さから揃いの受け皿が付き、カップ＆ソーサーとして輸出されるようになった。カップ＆ソーサーは有田で最初につくられ、その後中国・景徳鎮、後にはヨーロッパの窯で同じ形のものがつくられた。

輸出向けの欧字文入り磁器

出島出土の輸出向け肥前磁器で重要な位置を占める資料が、欧字文が描かれた一群である。

オランダからの注文による生産品の代表例として、これらの資料を輸出した連合オランダ東インド会社の社章ＶＯＣを描いた磁器が挙げられる。

また、月桂樹にＮＶＯＣ字文を施す磁器も多数出土している。以前から出土例が知られていた本資料は、二〇〇一～二年の調査で、まとまった出土量を示した。器種は深皿が中心で大小の大きさにまとまりがあり、深皿の蓋に当たる資料も出土している。このため、同一文様で構成されたテーブル・ウェアの可能性が高く、有田への磁器注文によって製作された資料と思われる。ＶＯＣの前にアルファベットが記される例は、ほかにＡ、Ｄ、Ｈ、Ｍ、Ｚ、Ｃなどが知られ、それぞれアムステルダム、デルフト、ホールン、ミデルブルフ、ゼーランディアなどオランダ東インド会社関連の都市名を示す。オランダの州都以外の例として、Ｃがコロンボを表すことが知られており、このことから、Ｎは長崎を表す可能性が高いと従前より思われていた。実際に〝ＮＶＯＣ〟銘の肥前磁器の出土例が増加し、逆に同一様式ではその他のアルファベットの例がみられないため、Ｎが長崎の都市名を表すものと考えられる。検討の段階で指摘されたＮがネザーランドを表す可能性については、現在のところオランダにおいて、その例は知られていない。

このほかに、皿の中央に社名やオランダの州都

図49　染付 NVOC 字文皿

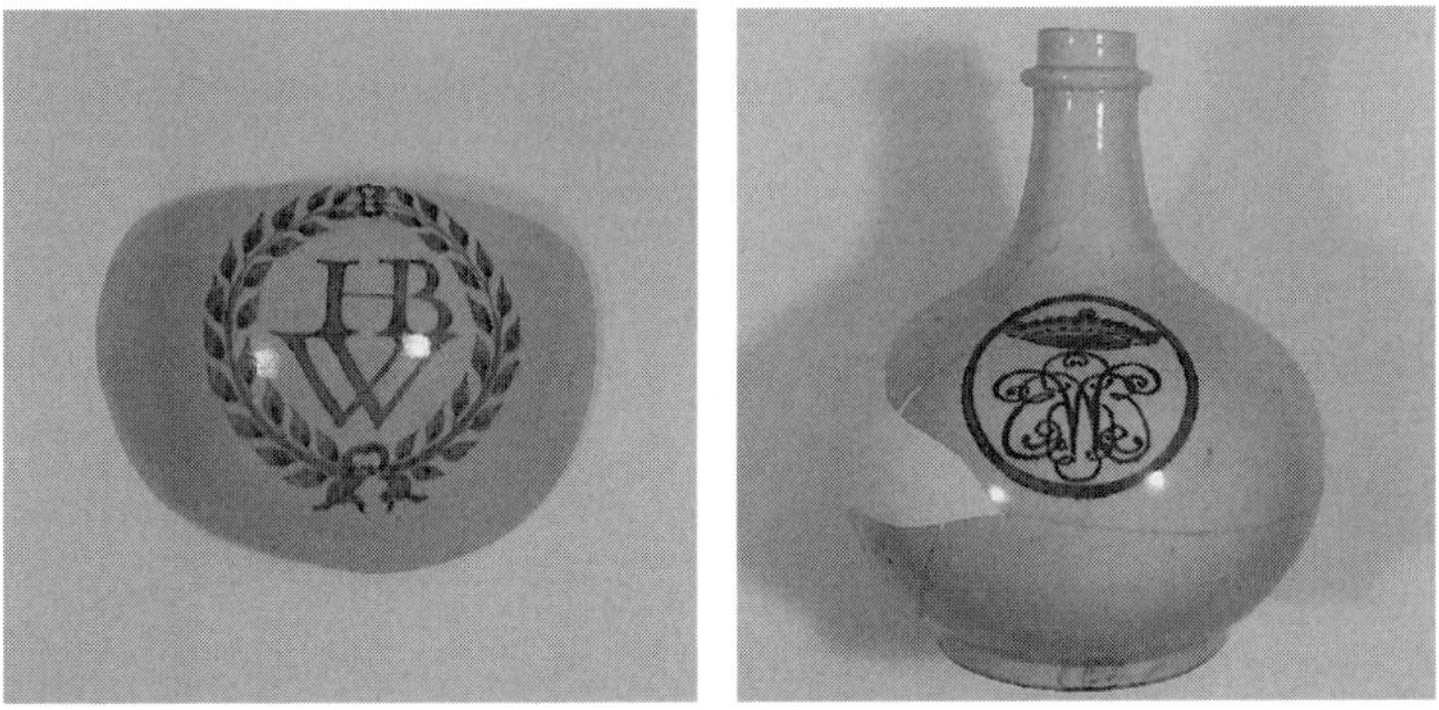

図50　染付欧字文瓶

の紋章を描き、瓶の胴部や底部に欧字を書いたものが出土している。これらの欧字は、絵文字風にデザインされているが、会社や商館長など注文者の名前の頭文字にちなむ例が知られている。たとえば、伝世品が知られている「J.C.」は、出島の商館長をつとめたヨハネス・カムファイス（Johannes Camphuis）の頭文字を表すといわれている。ヨハネスは、一六七一～七二年、一六七三～七四年、一六七五～七六年の三回出島に商館長として着任、商館長であった一六七四年には、バタヴィアの薬剤局用に二万三七五個の膏薬壺と薬用瓶が輸出された。また、小瓶などの場合、調味料入れとして用いられる例が知られ、瓶の正面中央一文字の場合、アルファベットの「A」が酢（Azijn）、「O」が油（Olie）、また「S」はソースやシロップ、「L」はレモン汁を表すと考えられている。さらに「HB」は、オランダのブランデー（Hollandsche Brandewijn）を表すといわれている。

見本品による製品の写し　このほかに、オランダ商館の注文により磁器生産を行った例として、オランダ陶器の見本品に倣って製作されたアルバレロとよばれる円筒形をした広口壺や唾壺、おまるとして利用された取手付鉢や髭皿が挙げられる。

アルバレロ型壺は、ヨーロッパでは軟膏などを入れる薬壺として使用され、オランダ・デルフトやイギリスなどでつくられていた。大小さまざまなタイプがあり、青や橙色で彩色されるものと、無地のものがあるが、肥前磁器の写しもこれに倣い、染付けによる幾何学文を描くタイプと染付けを施さない白磁のタイプが出土している。

唾壺は、大きく二つのタイプに分かれる。一つは受け皿が浅く、描かれた絵柄がよく見え、胴の部分が小さい小型のタイプ。もう一つは、口部が大きくラッパ状に開き、縦に長く、外面に花卉文が描かれる。この形のモデルは、出島のオランダ商館内部が描かれた絵画資料に見られ、真鍮製の大型の痰壺がこれに当たる。痰壺は、食事や喫煙の際に必要とされ、当時の日本人の生活様式においては馴染みがないものであった。

取手付の鉢は、揃いの蓋が付くタイプと付かないタイプがある。これは東南アジアやヨーロッパ向けに輸出された鉢で、東南アジアでは米などを入れる櫃として使用された例が知られている。ヨーロッパでは、同じ形をした金属製のおまるなどがあり、この代替品として使用されたと考えら

図51　染付アルバレロ型壺（上）、染付牡丹文瓶（唾壺、中）、染付牡丹文手付鉢（右下）、染付菊牡丹文髭皿（左下）

れている。
縁の一部が半月状に凹み、縁の先が玉状に丸まる髭皿は、ヨーロッパでは髭剃りや病気の治療などに使用されるもので、欠けた部分を頚にあてて使用する。モデルとなるヨーロッパ製の陶器は実用的な無地のものであるが、肥前でつくられた出島出土の事例は染付、色絵ともに美しい絵柄が描かれる。

国産磁器の出土状況を概観すると、十七世紀前半の出島築造当初に製作年代が当たる資料から、幕末、明治時代までの各期の資料が出土した。そのなかでも、肥前磁器の輸出最盛期にあたる十七世紀後半〜十八世紀初頭〜十八世紀中葉までの磁器が最も多く、次いで十八世紀末〜十九世紀前半の国内向け磁器と輸出向け磁器が中心となる。最も多い器種は皿類で、次に碗および鉢、瓶であった。

一七五七年連合オランダ東インド会社による正式な国産磁器の輸出が途絶えると、有田焼は商館員の私貿易のなかで取り扱われるようになった。出島の発掘調査では、十八世紀後半以降も国産磁器が出土するため、これらの磁器が出島のなかで使用されていたことがわかる。

(三) 輸出向け色絵磁器の再興

幕末には、開国に向けた動きのなかで、出島オランダ商館を取り巻く環境が激変し、色絵を中心とした輸出向け磁器の生産と輸出がふたたび行われるようになった。幕末につくられた色絵磁器は、十七〜十八世紀前半の色絵磁器とは異なった文様が描かれた。これまで窓絵の外側に描かれた地文様は、染付の上に金彩が施されていた。これにくらべ、幕末期の製品は、金彩で羊歯文が描かれ、その外側を朱色で塗りつぶす絵柄が中心となった。窓絵の内側には、着物姿の婦人像や鎧をまとった武者など日本人の風俗衣装が多色使いで描き出される。

　幕末頃、出島のなかに、これらの輸出向けの磁器を取り扱う商店が設けられた。出島から出土した遺物には、「肥碟山信甫製」や「蔵春亭三保」の銘が多くみられる。肥碟山は幕末期に有田で外国へ輸出する磁器を焼いた田代紋左衛門の銘。田代紋左衛門は一八六〇年（万延元）年、イギリス貿易を名義とした許可を得て、長崎で開店、その後、上海や横浜にも出店した。蔵春亭三保は、二代久富与次兵衛の号。初代久富与次兵衛は、一八四二（天保十三）年に公許を得て長崎でオランダ貿易を始めた人物である。

図52　色絵婦人文植木鉢（上）、三川内焼色絵碗・染付碗（下）

　出島からは、このほかに、平戸焼、亀山焼、波佐見焼、現川焼、長与焼などの肥前の窯で焼かれた焼き物が出土する。平戸焼（三川内焼）については、当初よりその洗練された技巧が評価され、海外輸出向け磁器の代表であった。幕末頃には薄作りの色絵、染付碗などがつくられた。また、十九世紀前半に操業した亀山焼も、操業期間が短いながらも、出土例が多い資料である。

　このほかに、酒や醤油の容器としておもに波佐見で製作されたコンプラ瓶も、多数出土例が知ら

図53　出土した棹銅（右）と川原慶賀筆蘭館図絵巻の内『倉前図』（上）

れている。その名前の由来となったコンプラドールは仲買人を意味するオランダ語で、商館員が毎日の暮らしで必要なものを調達し、出島に納める人びとであった。

（四）棹銅と銅製硬貨

陶磁器以外に、輸出向けの貿易品として出島から出土例が認められるのは、棹銅である。

銅は、十七世紀後半以降、銀に代わって出島の輸出品の中心となった。日本国内の銅山で採掘された銅は、大坂の住友で精錬・整形されて、棹銅として出島から輸出された。

棹銅は、ふつう長さ三〇～六〇《センチ》くらいで、一《メートル》ほどの長さになるものもあったといわれている。発掘調査で出土するときは、表面は緑錆を帯び、一〇《センチ》くらいの長さに折れた状態で見つかる。棹銅はアジアの市場で取引され、仏像や硬貨

図54　東インド会社の硬貨

の材料として使われ、ヨーロッパでも調理器具などの生活必需品に形を変えた。

また、この海外に輸出された日本の銅によって製作されたのが、オランダ東インド会社が鋳造した硬貨といわれている。日本から輸出された銅の一部は、アジアやヨーロッパで硬貨につくり変えられた。そのうち、オランダ東インド会社が鋳造した硬貨が、出島から見つかっている。この硬貨には、VOC銘やZEELANDIA、HOLLANDIAなどの欧字が施されている。当時オランダ東インド会社は、許可をもらって貨幣をつくり、その貨幣は東インド会社の交易圏に広く流通していた。コインの表裏にみられる欧字や紋章は、当時のオランダの州都や、スタイバー（スタイフェル）などの通貨単位を表す。

3　出島の貿易②――輸入品

出島は、築造当初から十八世紀末まで、アフリカやアジアの各地に商館を構え中継貿易を行っていた連合オランダ東インド会社の拠点であった。この中継貿易によって、日本に、ヨーロッパをはじめ中国、東南アジア、イスラムの文物がもたらされた。発掘調査では、この拠点地域に関連するさまざまな陶磁器類が出土している。これらの世界各地の焼物から、東インド会社の経済圏の広がりと日本国内に与えた影響を知ることができる。

(一)　中国製陶磁器

連合オランダ東インド会社は、出島に商館を構える以前から、東アジアでは広東（広州）やタイオワン（台湾）に拠点をもち、中国の品々の輸出を手掛けていた。その一つに、古くからの技術、伝統に支えられた、たいへん質のよい中国磁器があった。これらの磁器は、ヨーロッパやイスラム圏において好まれ、当時ヨーロッパで東洋趣味が流行したこともあり、大量に輸出された。出島オランダ商館でも、中国各地の窯でつくられたさまざまな種類の磁器が出土する。これらの中国磁器と出島のかかわりについて、紹介する。

景徳鎮窯

景徳鎮は、中国の江西省饒州府浮梁県にある中国最大の窯の一つ。明代に官窯が設けられ、染付の技術が発展し、明染付といわれる磁器がつくり出された。胎土は緻密でシャープな器形をつくり出し、焼成も良好で、呉須の発色が鮮やかな、上質な製品がつくり出されている。明、清朝から引き続き、現在も操業されている窯である。

出島から出土した景徳鎮産磁器は、大きくいく

図55　出島出土中国陶磁器の窯跡分布図

つかの種類に分かれる。中央に唐人や花卉文を描く皿、バタビアン・ウェアーとよばれる染付けに褐色釉が掛け分けされるカップ&ソーサー、上面全面に花唐草文が描かれる大皿などがある。オランダに資料調査に行った際に巡ったアンティークショップや博物館内で、十七世紀後半〜十八世紀前半に製作された同種の染付磁器が、テーブルのセッティングや室内装飾に使用されている例が紹介されていた。出島の商館員も、同じ頃これらの中国磁器を食事のときに使用していたと思われる。

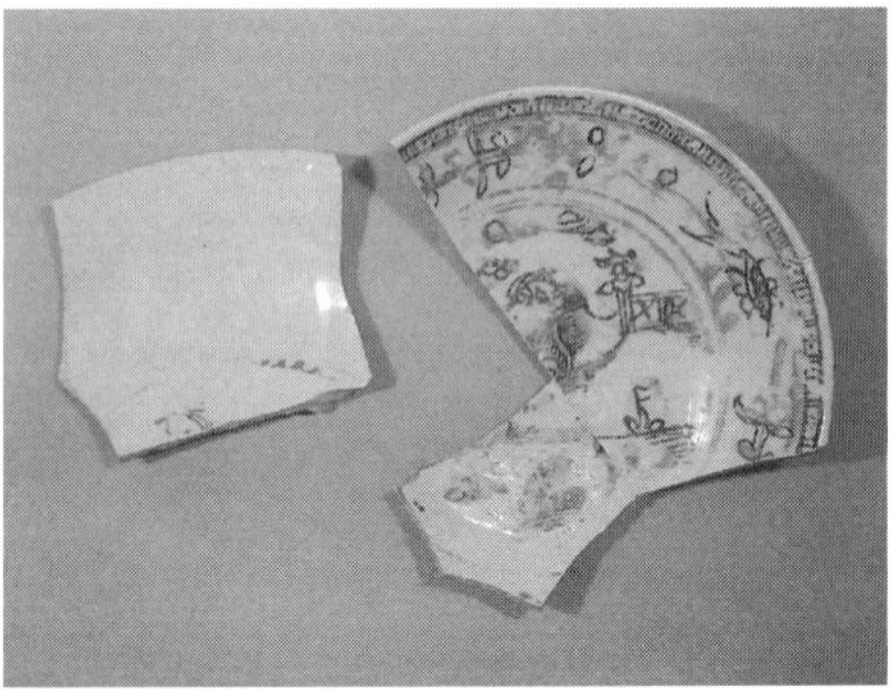

図56　福建・広東系色絵皿

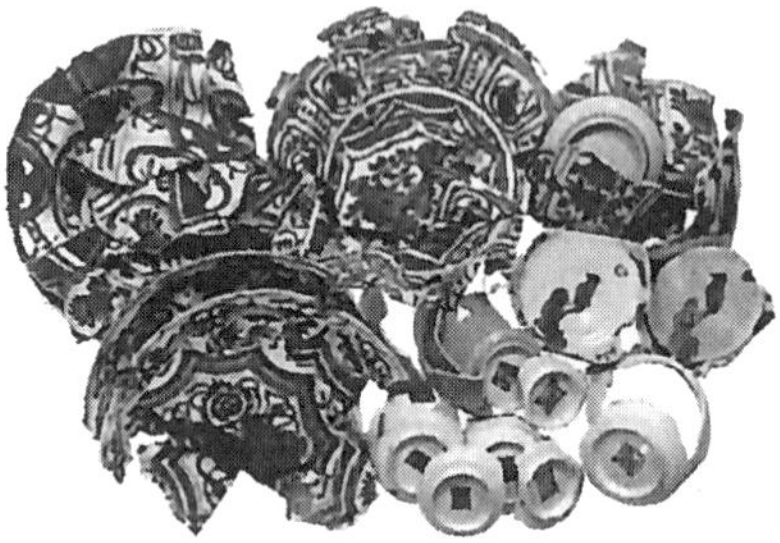

図57　平戸オランダ商館跡出土の中国磁器

福建・広東地方の焼物　中国南部の福建・広東地方の窯でつくられた磁器。景徳鎮窯の製品にくらべ、胎土がもろく、器に厚みがある。染付の発色が鈍く、滲む特徴をもち、粗野で暖かみのある印象を受ける。出島からは、染付碗や鉢、皿などが出土している。

これより先行して、出島が築造された当初の時代の調査によって、十六世紀末につくられた中国陶磁器が出土した。景徳鎮窯および漳州窯（福建省漳州府竜渓県）の陶磁器で、同様の焼物は平戸オランダ商館跡の発掘調査で、まとまった出土例が報告されている。また、出島築造以前に相当する長崎市中の近世遺跡においても、同種の磁器の大量出土が確認されており、ポルトガル、オランダを問わず、まだ肥前磁器焼成以前の段階において、平戸、長崎の開かれた港町に大量に出回っていた磁器であったことがわかる。出島においては、初期の様相を知る貴重な資料である。

宜興窯　江蘇省太湖の西部に位置し、現在も伝統的な朱泥の急須で有名な窯。出島からも、この朱泥急須が出土している。器種は急須のみであるが、その器形は多様で、陽刻が施されたものも見られる。中国茶がもつ本来の薬効が、この急須の材質によって引き出されるため、中国茶を嗜む道具としてセットでもたらされたものである。やはり出島から出土する景徳鎮製の染付褐釉小碗・小皿のカップ&ソーサーと並べてみると、外側の赤褐色の色が融合し、内側の白磁染付面には茶の色が映え、小さなものではあるが東洋の美が感じられる。当時の東洋趣味と喫茶の流行の様子がうかがわれる。

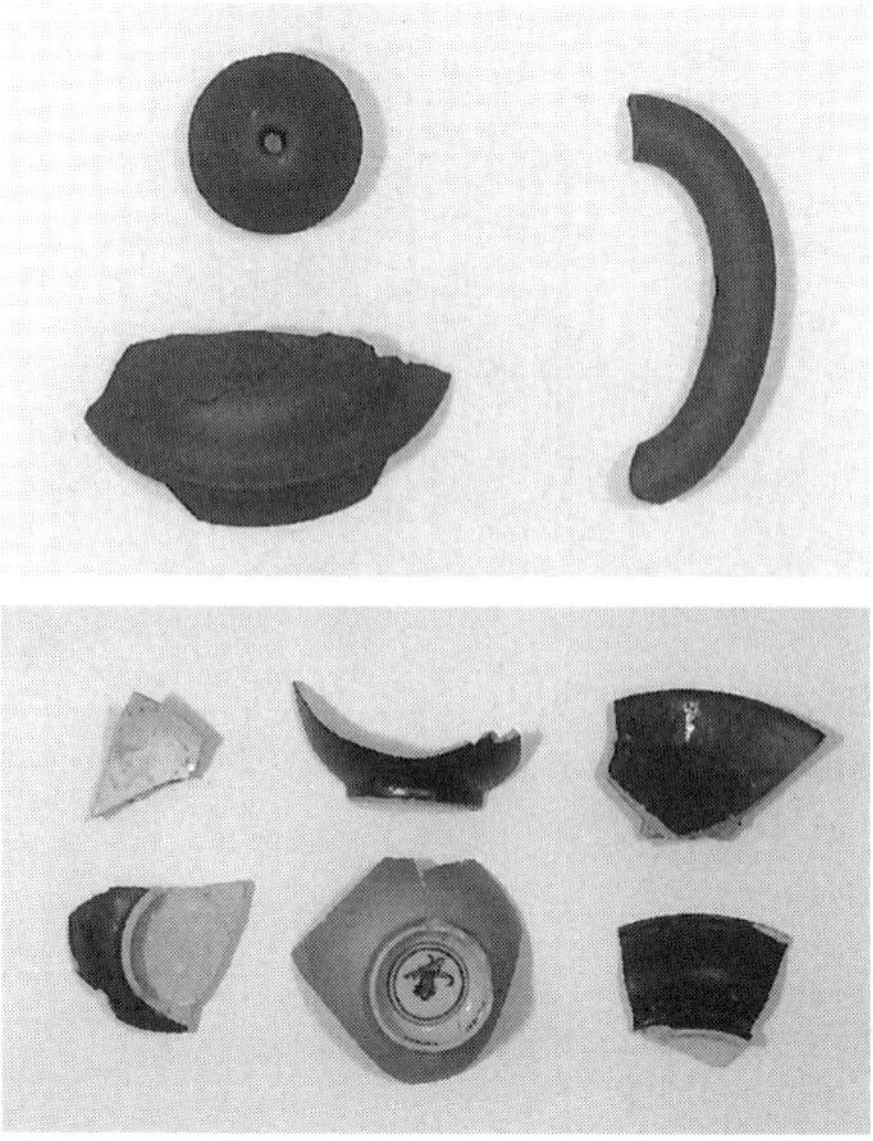

図58　急須破片（宜興窯、上）　褐釉小碗・小皿（景徳鎮窯、下）

徳化窯　福建省永春州徳化に位置し、明代より操業を行っている窯。色絵のほか、白磁や青磁がつくられ、とくに仏像が有名である。出島からの出土遺物は、十八世紀後半〜十九世紀前半に製作された色絵の小碗で、同種の製品が地点を問わず、数点ずつまばらに出土する傾向がある。この小碗は、焼成時に二つの個体を口縁部で重ねあわせて焼くた

図59　色絵小碗（徳化窯）

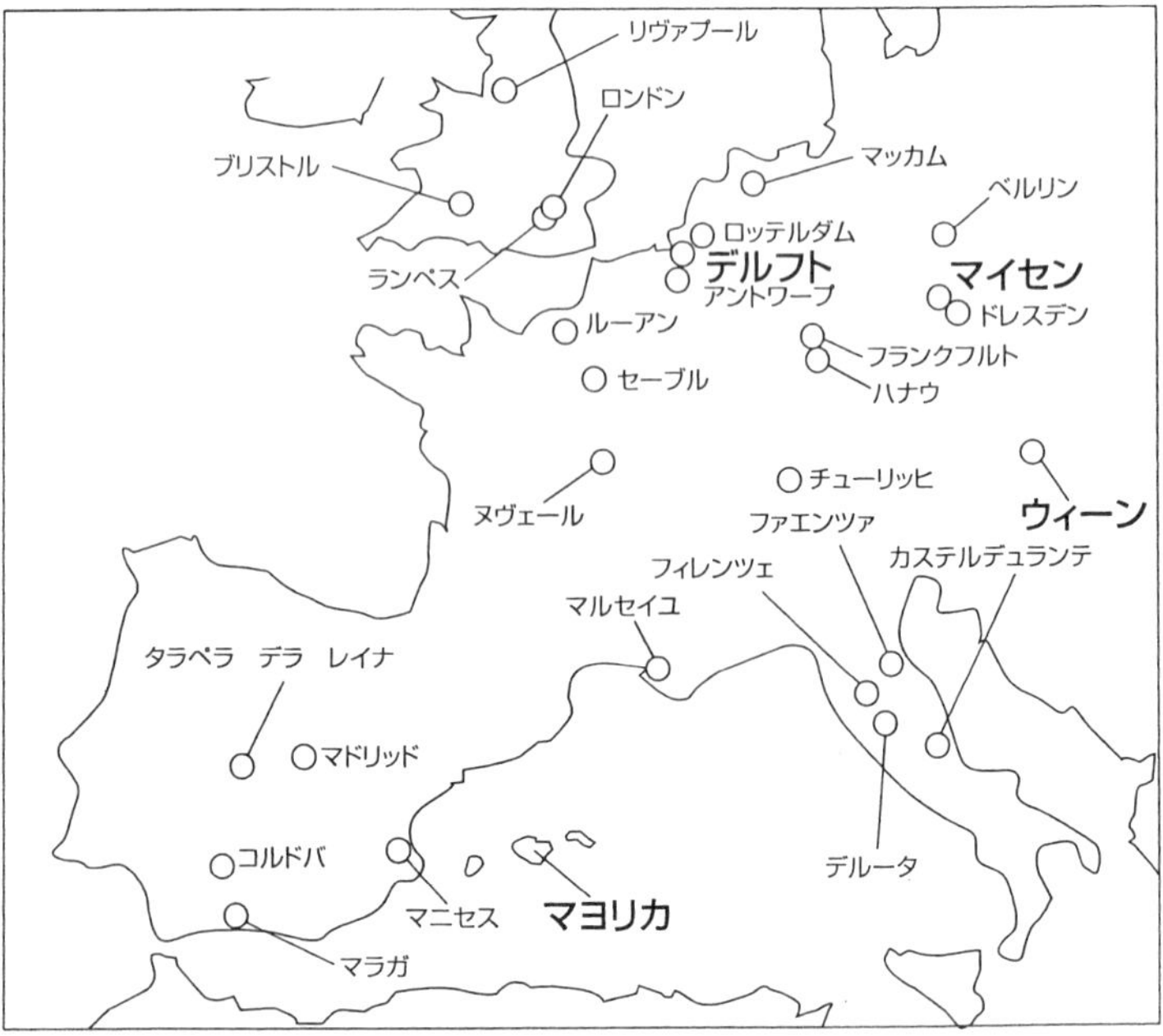

図60　ヨーロッパの主要な窯元

め、口縁部に釉薬が掛かっていない口ハゲが観察される。長崎市内の同時期の町屋の遺跡でもこの小碗は散見されるため、長崎では一般的で比較的安価な製品であったと思われる。

（二）西洋陶器

出島からは、オランダをはじめとしてヨーロッパ各国の焼物やガラス製品が出土する。これらは、商館員が個人的に取引を行った脇荷物などの輸入品としてもち込まれたものと、商館員が出島で生活する際に実際に使用したものに大きく分かれる。

日本が鎖国下にあるなか、ヨーロッパでは、各国の間でいくども戦争がくり返されていた。そのなかで、有力者の求めに応じ、陶工らはその庇護を求め、国家間を移動、その行為によって技術が広がり、製品の製作地もヨーロッパの国々で重複する傾向がしだいに現れてくる。オランダの中継貿易はヨーロッパ間の流通を促し、このような状況下で製作された陶器やガラス製品の一部が出島にもたらされた。

この頃、ヨーロッパでは、中国磁器への憧れから、硬質で白く、コバルトや色絵が映える美しい磁器を王侯貴族が求め、直属の窯をつくり、磁器焼成が行われた。一七一〇年にマイセン窯が開窯され、セーブルやウエッジウッドなどの有名な窯が十八世紀代に次々とつくられた。出島からは、これらの高級な磁器はほとんど出土せず、商館員が私用に持ち込んだ瓶や薬壺などの炻器、ファイアンス陶器が主体を占める。

デルフト陶器とファイアンス陶器

オランダのデルフトで焼かれた陶器とその系統に属する資料。当時ヨーロッパでは、東洋への憧れから東洋風の意匠を愛好する東洋趣味（シノワズリー）が流行していた。十六世紀にイタリアのマヨリカの技術が、陶工の移動によってオランダの各地に伝わり、デルフト地方の窯業地では、イタリア、スペイン、イスラムの流れを汲む厚手の陶器がつくられるようになった。十七世紀には、中国や日本の染付の意匠を真似た白地に青の染付を施す東洋磁器の影響を受けた陶器を生産し、代表的な窯業地になった。

出島からは、中国の芙蓉手を模した花卉文芙蓉手皿の一部やアルバレロ（広口壺）が出土した。このアルバレロは、十六世紀末に日本で茶陶が普及した際に珍重され、水差しとして使用されたといわれている。

ヨーロッパの炻器

炻器は、ドイツからベルギーにかけてのライン川流域でつくられた塩釉炻器と、イギリス製のものに大きく

図61　髭徳利（右上、参考品）　藍彩広口瓶（左上）　炭酸水瓶（右下、参考品）　洋酒瓶（左下）

分かれる。ライン川流域のものは、灰色地に藍釉が施される瓶や壺、髭徳利に代表される褐色の塩釉瓶が挙げられる。前者は、現在のドイツ、ヴェスターバルト地方でつくられた。さまざまな大きさがあり、ピクルスやバター、その他の食品の保存容器として使われた。この藍彩壺や瓶は、有田磁器の写しが知られており、陶器や金属器以外に炻器も磁器に変えての需要があったことがわかる。後者の髭徳利はフレッフェンで製作されたもの。同じくフレッフェンでつくられる長胴の塩釉瓶もミネラルウォーター入りの瓶として、出島から多数出土する。この瓶の表面にはアムステルダムの刻印が見られるため、瓶と中身の炭酸水はドイツ製で、アムステルダムの会社が出荷し、商館員や船員の日用品として出島に持ち込まれた。ヨーロッパの物流の流れがわかる資料である。オランダでは、類似する瓶が、現在もジュネヴァといわれる酒を入れる容器として使われている。

このほかに、イギリス製のクリーム色地の洋酒瓶が多数出土する。十九世紀中頃の土層からまとまって出土するため、ヨーロッパにおいて、大量に生産され出荷されたことがうかがえる。

オランダ人の生活のなかでも、これらの塩釉瓶は保存容器として日常的に使用され、商館員も出島に持ち込み、日々の暮らしのなかで使っていた容器であった。

西洋銅版転写陶器―プリントウェアー　十九世紀初頭、ヨーロッパでは銅版画によるプリントウェアーが製作された。この技法では、同種の文様をたくさん生産することができるため、この陶器は瞬く間にヨーロッパ中に広まった。出島でも、十九世紀初頭から中頃にかけて大量のプリントウェアーが出土する。とくに出島の護岸石垣の外側から、捨てられたプリントウェアーが大量に出土した。同一の絵柄で皿や蓋物、鉢、手付きの瓶などがあり、テーブルで使用する食器のセットとして持ち込まれていたことがわかる。

これらの陶器は、商館員の毎日の食事で使われていたが、西洋の風景や人物を描いた陶器は日本人にも好まれ、阿蘭陀渡りとして出島から日本国内に広まった。プリントウェアーは、ヨーロッパ

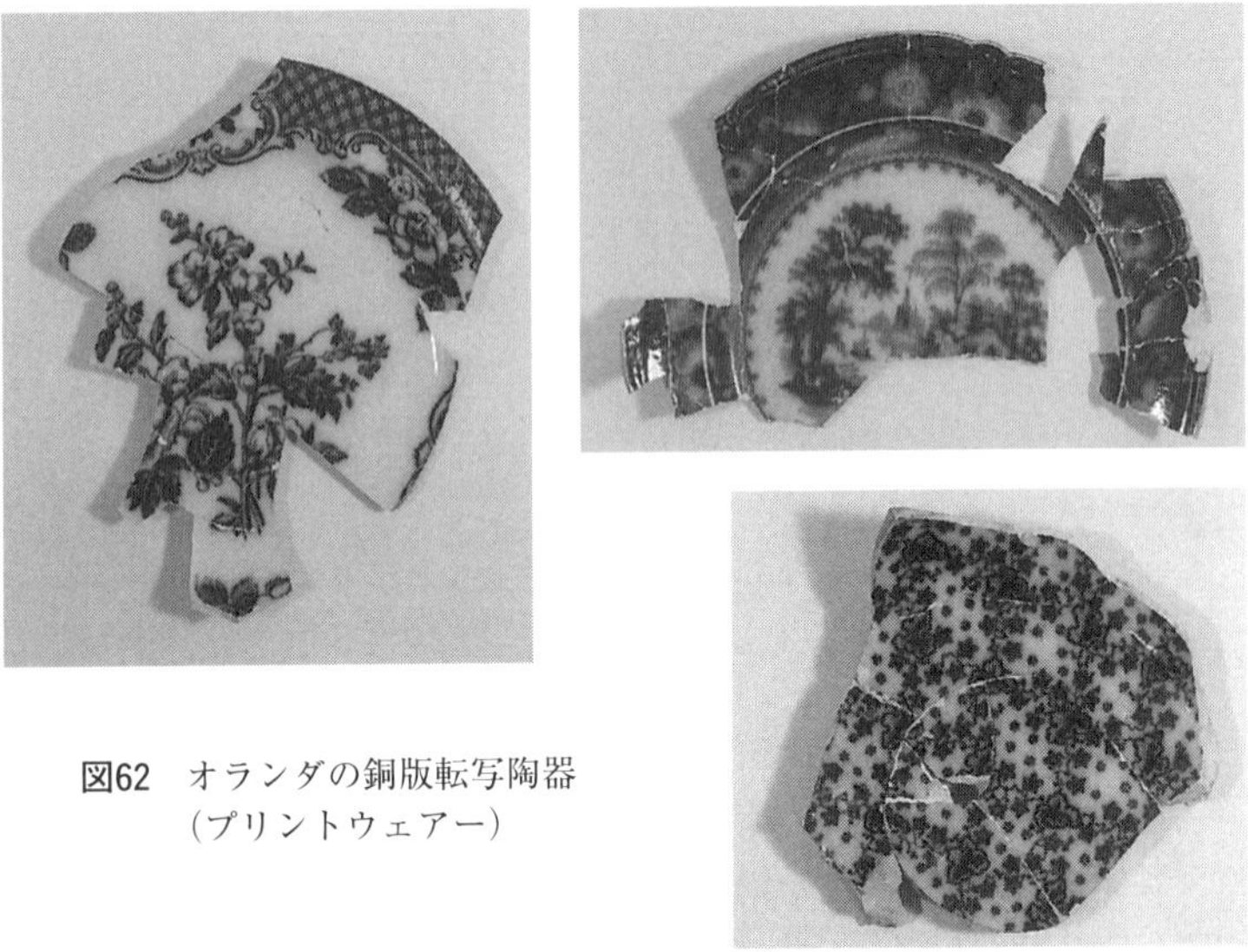

図62　オランダの銅版転写陶器（プリントウェアー）

の文物を好む大名や豪商などにとって憧れの品々であった。このため十九世紀になると、脇荷物の一つとして、これらの商品が取り扱われるようになった。とくに十九世紀中頃になると、盛んに日本国内に持ち込まれ、現在もその頃の箱書きをもつ製品が日本国内に伝世している。本来は大きくイギリス製とオランダ製に分かれるが、国内に持ち込まれた製品は、イギリス製の製品であっても、当時の日本では「阿蘭陀渡り」として扱われていた。このほかにベルギー製のプリントウェアーも知られている。

（三）アジアの陶器・土器

出島には、オランダの中継貿易により、その広い交易圏の文物がもたらされている。このため日本とオランダの資料だけでなく、アジアの焼物も出土する。これらは、輸入品の容器として持ち込

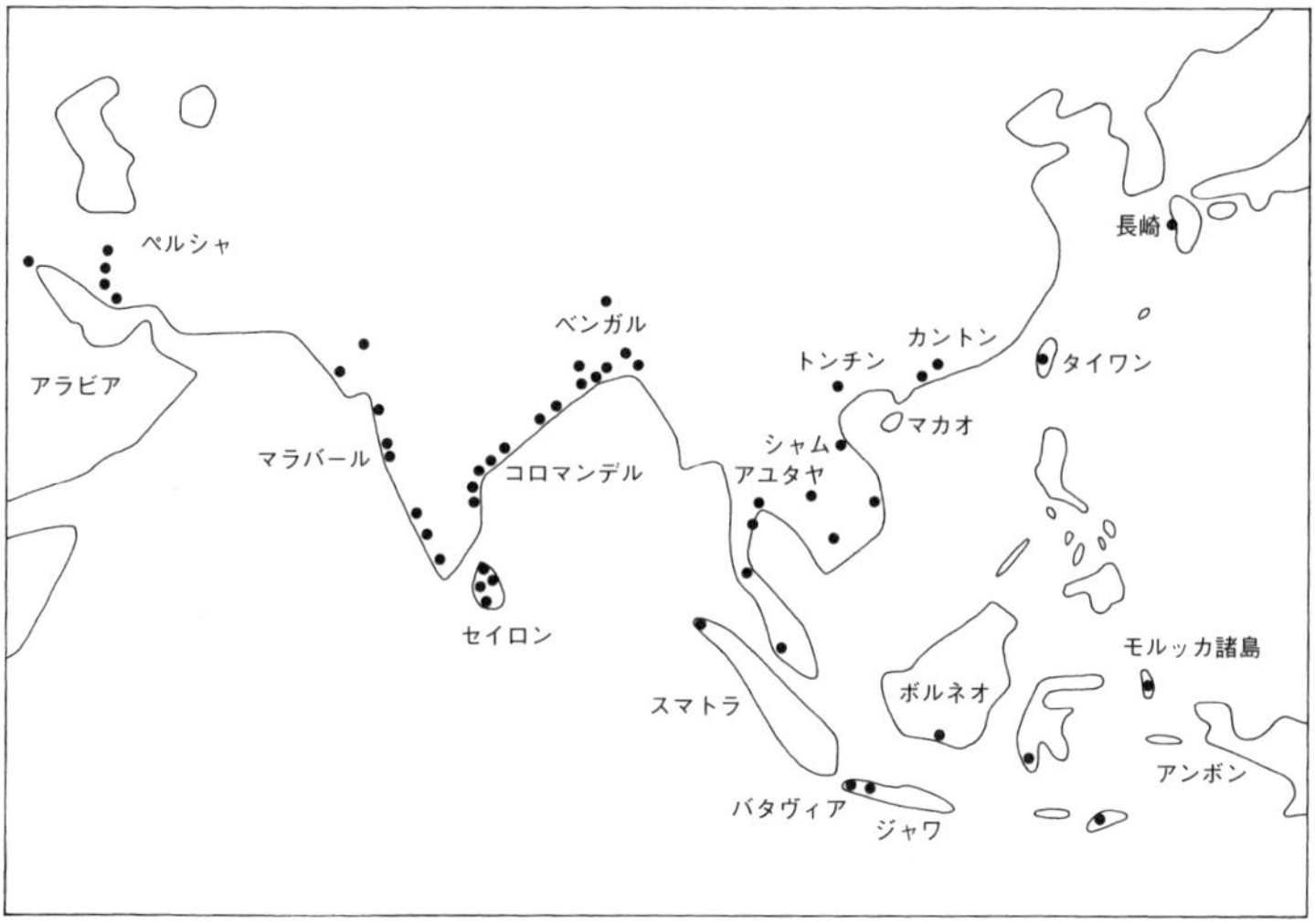

図63　オランダ東インド会社の拠点と交易圏

まれたものが主体となり、大きく中国南部、東南アジア地域、イスラム地域に分かれる。この地域で流通するほとんどの交易品は、出島の土中には残らないが、これらの容器として持ち込まれた焼物が交易圏の広がりを示している。

中国南部と琉球　中国南部で焼かれた壺類が、出島に容器として持ち込まれている。中には油や酒などが入っていた。これらの壺は、長崎の唐人屋敷からも大量に出土し、当時容器として一般的であったことがうかがえる。また琉球（現在の沖縄）でつくられていた壺屋焼なども、わずかだが出土している。

東南アジア―タイ　タイでつくられた橙色の四耳壺が、多く出土している。この壺は、肩の部分に四つの取手が付き、容器として持ち込まれたもので、とくにカピタン別荘と庭園部分の発掘調査時にコンテナー約一〇箱分の欠

図64　中国南部産の緑釉壺（右）、タイ産の焼締四耳壺（左上）、イスラム系の藍彩陶器（左下）

片がまとまって出土した。タイには、シャム王朝時代にあたる十七世紀初頭から、アユタヤにオランダ東インド会社の商館が設けられた。

東南アジア―ベトナム　長崎では、ベトナム陶磁は朱印船貿易時代に多数持ち込まれ、市内の十六世紀末頃の遺跡から出土例がみられ、馴染み深い資料である。出島からも、その後の形式をもつ染付がわずかであるが出土している。ベトナムには、ホイアンにオランダ東インド会社の拠点があった。

イスラム地域　イスラムには、イランのバンダル・アッバースやアラビアのモカにオランダ東インド会社の拠点があった。イスラムの染付けは、白釉に藍彩が施されたもので、イラン産の染付けの鉢や皿が出土している。出島でもイスラム陶器の出土例は少なく、貴重な資料である。

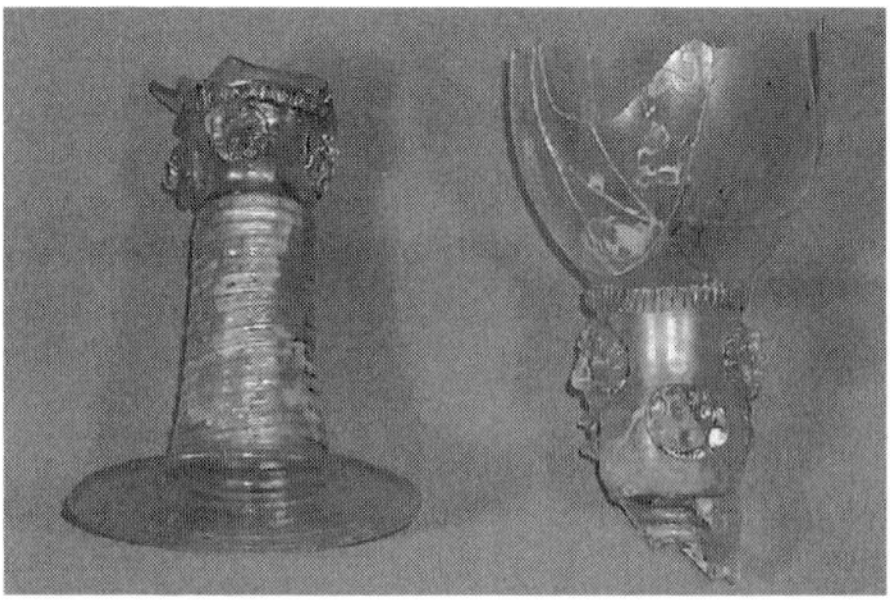

図65　フリューゲルグラス（下、ネーデルラント製、16世紀後半）レーマー杯（上、ヨーロッパ製、17世紀後半）

（四）高級ガラス製品

陶磁器以外に特筆すべき輸入品として、ガラス製品が挙げられる。出島からは、ヨーロッパ製のさまざまなガラス製品が出土した。その多くはワインなどの酒のボトルや窓用の板ガラスなどであるが、そのなかからグラス類の一部が見つかっている。これらのグラスのほとんどは商館員が出島内で使用したものであるが、国内でも当時ガラス類は珍重され、脇荷物として取り扱われた。

グラス類は、ベネチア様式（ファソン・ド・ヴァニーズ）のフルートグラスや青色の翼状の装飾が付き、持ち手の一部がツイストされた繊細なつくりのフリューゲルグラス、円筒形のステム部分にラズベリー型の装飾的なプランツを貼り付けるレーマー杯などが例としてあげられる。また、ワインの保存容器であるデキャンターやワイングラスにグラビュールを施した製品も散見される。

4　遺物が語る出島の生活

出島の発掘調査によって出土するさまざまな資料は、貿易の取引経過のなかで残存した資料と、そのなかから居住者であったオランダ商館員らが取捨選択し、日々の生活のなかで消費した資料に大別される。後者のなかには、貿易品として取り扱われているものもあれば、商館員が生活必需品として持ち込み日本国内には需要がなかった日用品や、逆に日用品であるがために持ち込みに頼らず、日本国内での生産品を仕入れたものなどがある。

また、出島から検出された廃棄土坑のなかには、日本人用の筆記具や女性が使用する紅皿などが混在し、日本人の足跡も見られる。

出島に暮らす人びと

ここで、出島に暮らした、もしくはかかわった人びとについて、出土資料に与える影響という観点から、その構成、人員を整理しておきたい。

第一に挙げられるのは、オランダ商館員である。オランダ商館員は、毎年旧暦の六月から七月に長崎に来航する数隻の船に乗り、出島に到着する。商館員は、一七九九年にオランダ東インド会社が解散するまでは、この会社に雇われた社員であり、その後は会社の業務を引き継いだバタビア政庁の管理下の職員となる。毎年来航する船で、一年の日本滞在で帰国するものもいれば、三～四年の駐在になるものもいた。十九世紀初頭の政情不安ななかにおいては、定期的なオランダ船の来航がない異例の事態も起こり、長期に渡っての出島暮らしを余儀なくされた人びともいた。日本に向けて出港する帆船は、通常、インドネシアのバタビア（現在のジャカルタ）が出港地で、広東や台湾を経由し長崎に来航する。妻子をともなうことは許されておらず、男性社員のみ単身赴任での渡航であった。船が来航する夏が、いちばん出島が賑わう季節である。通常出島に勤務する社員は、一二～一五人ほどであったが、このときは商館長を始めとする交代人員が重複するため、出島の全居住施設が、最も使用される時節である。

よくある質問の一つに、オランダ船の船員たちはどうしていたのか？　と尋ねられることがあるが、たしかに狭い出島に一〇〇人以上（船によっては五〇〇人ともいわれる）の船員が寝泊まりできるスペースはない。船員は、航海中と同じく帆船のなかで寝泊まりし、出島へ上陸するのは積荷の積み込みなど使役作業の際のみであった。ただし、船長については別格で、一番船船長、二番船船長などの居宅は設けられていた。そして、貿易に関するさまざまな業務が終了し、十月から十一月の頃に、また船はバタビアに向けて出港し、一〇数名のみの商館員が滞在する静かな日々に戻るのである。

商館員以外に、彼らが使用人として連れてきていた東南アジアの人びとも存在する。商館長クラスであれば二〜三人、位が低い商館員には使用人がいないこともあるため、商館員と同数ほどの人員が出島に滞在していたことがうかがえるが、会社の業務記録である商館員名簿などへの正式な記載がないため、実態は不明である。

このほかに、忘れてはいけないのが、日本人の存在である。出島に直接的にかかわる日本人としては、乙名などの日本人役人、番人、阿蘭陀通詞、出島町人らがいる。彼らは、貿易時の繁忙期には、出島の詰所に寝泊まりしながら、業務をこなす。また、業務柄、番人などは交代制で長期に渡り出島に勤務する。出島に頻繁に出入りしていた日本人となると、商館員らが必要とする品物を手配した仲買人、日本人の雇われ料理人、貿易時には入札商人や日雇い人夫、普請時には大工らが挙げられる。また、唯一出島への出入りが許された女性、遊女も、求めに応じ出島に長期滞在した日本人である。

これらの出島に滞在した人びとの人員構成や業務による滞在期間、内容などの違いを踏まえた上で出土遺物を見ると、消費の有り様から、生活の実態が浮かび上がってくる。以下、オランダ商館員の衣食住と日本人が使用したと思われる資料の紹介を行う。

商館員の住まい

建材については、柱などの木材や漆喰の壁などは土中から見つかっていないが、大量の瓦と煉瓦が出土した。

出島の建物は、おもに二階建ての和風の建物や土壁の蔵などで、出島を描いた十七世紀中頃の絵画では、瓦葺きの建物が描かれている。出土した建材のうち、最も多いのは屋根や塀の瓦類で、文様が描かれた軒丸瓦、軒平瓦、軒桟瓦などのほか、大量の平瓦、丸瓦が見つかっている。出島から出土する瓦は、同じ頃、長崎の町屋で使われていた瓦と同じものであった。

特異な資料として、花十字をあしらった軒丸瓦が出土している。十六世紀末、長崎の町の各地に、キリスト教の教会が建てられた。このため長崎の市中の遺跡からは、この教会の屋根に使われていた十字紋を施した瓦が出土する。十字紋は、キリスト教を表す印のため、キリスト教禁教令以降はその一切が禁じられていた。出島築造に際し、その盛土の一部を岬の台地上から持ち込んだとする説があったが、この花十字をあしらった瓦の出土は、岬の台地上が、一五八〇（天正八）年イエズス会に寄進され、キリスト教の教会があった場所であるため、前記の説を裏づける資料となり得る。このため、その出土の背景を解明することが課題の一つとして挙げられるが、近年は遺構内部からの出土例が増加しつつあり、多面的な検討を要する。

煉瓦は、大きくオランダ商館時代のものと、そ

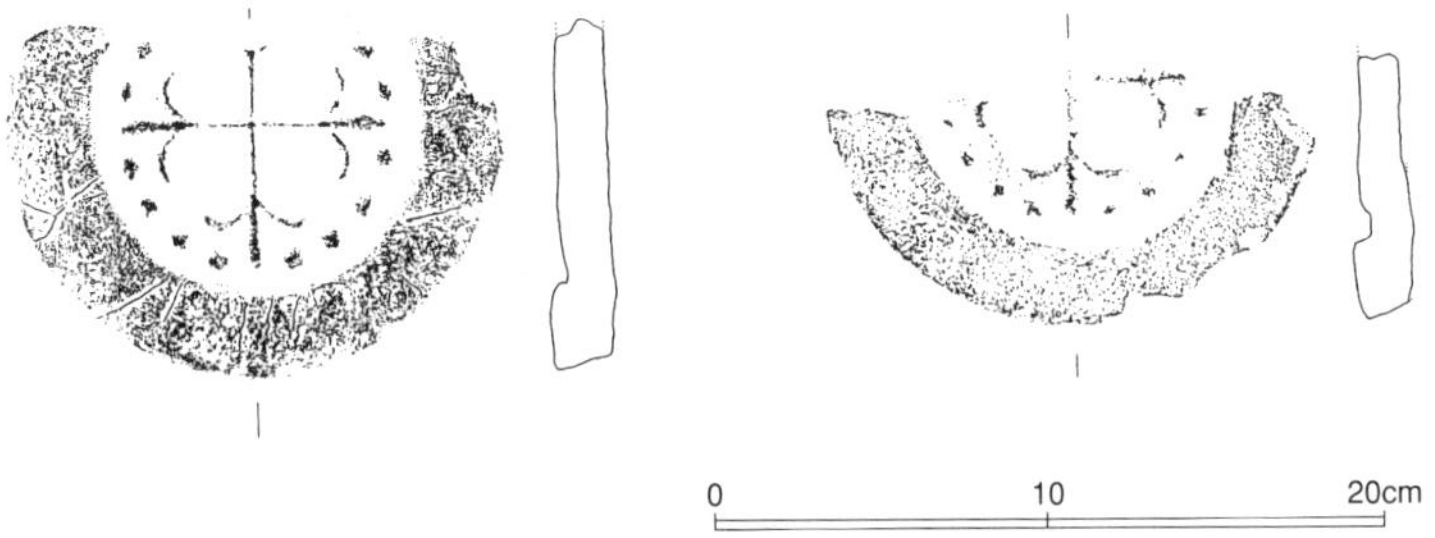

図66　カピタン部屋跡出土の花十字紋瓦

の後の居留地時代のものに分けられる。

　煉瓦が長崎でつくられ始めたのは、一八五七年海軍伝習所の教官も務めたオランダ人技師ハルデスが長崎製鉄所の建造に際しその製造法を伝えたことによるため、それ以前の包含層出土資料は、オランダ船によって各所から持ち込まれていたと推定される。小林克（東京都文化振興財団）らは各都市のオランダ商館遺跡から検出された煉瓦の成分を分析し、それらの産地を調査している。調査の途中経過では、出島出土資料の大半を占めるオレンジ色の煉瓦が台湾（タイオワン）産であり、また黄色の煉瓦がオランダからの搬入品である可能性が指摘されている。この時期の煉瓦は、蔵の壁として積み上げられ、表面には耐火のため漆喰が塗られ、大事な貿易品を守っていたことがわかっている。現在復元を行っている一番、二番、三番蔵は、いずれも土壁に漆喰仕上げで、内部に煉瓦は使用されていない。オランダ商館の日記には、イ蔵、ロ蔵が自然災害で破損した際に、壁の一部が壊れ煉瓦が崩れたと記されており、大型倉庫の壁に煉瓦が用いられていたことがわかる。和風建築とはいいながらも、出島の蔵にも、各都市のオランダ商館における大型倉庫との類似性がみられるのである。

商館員の食事

　商館員の日々の食事は、ジャガイモを中心とした簡単なもので、わ

図67　伝川原慶賀筆『出島之図』のイ蔵とロ蔵

ずかに鶏肉やエビなどを食していたことがわかっている。この食事は、日に二回、カピタン部屋に集まり、商館員全員で行っていた。また、年に数回催されるパーティーでは豪華な料理が食卓を飾り、その調理方法が文献に残されているが、これらの料理は、オランダ人の料理長や雇われた日本人の料理人によってつくられていた。具体的には、阿蘭陀冬至や阿蘭陀正月といわれる風習がそれである。

食卓では、どのような食器を用いて、何を食べていたのだろうか。出土資料から確認ができる食器類や調理道具、また食べかすなどについて、詳しく見ていこう。

十七世紀末頃には、肥前産の輸出向け磁器がたくさん入手できたことから、出島内部でも、これらを食器として用いたものと思われる。実際にゴミ穴から食べ物の食べかすといっしょに割れた碗、皿類が出土し、使用痕も確認できる。注文により欧字が入った調味料入れなども生産され、自分たちの生活様式に見合った形の磁器を入手し、不自由なく食卓を演出していたことであろう。

十八世紀中頃になると、肥前磁器は中国磁器に押され、海外輸出向け磁器は大々的な展開がなされなくなる。この時期、オランダ本国では、景徳鎮窯のテーブルウェアーによる組み合わせがみられ、南京手といわれる中国風の楼閣山水文を描いた皿や蓋物が流行していたことがわかる。実際に出島の出土資料も、この製品が非常にまとまって出土しており、同時代に景徳鎮窯の製品を愛用していた可能性が指摘される。

その後、十九世紀中頃になると、出島からはイギリス、オランダのプリントウェアーが大量に出土する。これも、西洋の食卓の風習、マナーに応じた食器の器種構成が確認されるため、この時代の出島の食卓を飾った食器類であることがわかる。

図68　景徳鎮窯磁器のテーブル・セッティング　パルテ・ハウス

食器類とともに、たくさんのガラス製の酒のボトルが出土している。ワインボトルが最も多く、フラスコ型の胴部が張った形のボトルや筒型の長細い瓶が挙げられる。ガラス瓶の印章（シール）の銘からフランスのマルゴー産のワイン等が持ち込まれていたことがわかる。このほかに角型のジン（ジェネバ）ボトルも出土する。ジンやビールは、当時のオランダでは一般的な飲み物で、出島でもよく飲まれていたことがうかがえる。

使用されたグラス類については輸入品の項でふれたが、ベネチア様式（ファソン・ド・ヴァニーズ）のフルートグラスなどの高級品か、普段使いのレーマー杯などが挙げられる。また、全時代を通じて、デキャンターとグラスがセットになったケルデルという名称の携帯用酒器が、オランダでは一般的に愛用されているため、これらはほとん

図69　ケルデル（カピタン部屋17.5畳の間）

どの商館員が一点以上携帯したものと思われ、外側の木箱の部分は遺跡には残らないが、割れたガラス片のみが出土している。

さて、食事を語る上で重要な要素の一つが、調理道具である。出島では、擂鉢や鍋、瓶類が出土している。生活という観点から、まず使用痕の有無を確認し、煤が付着しているものなどは出島で使用したものと考え、産地や用途の検討を行った。すると、産地は一部の外国産を除いて、そのほとんどが国産であり、日常的な道具は国内から供給したことがわかった。これは、実際に調理を行っていた料理人たちがオランダ人のみでなく、日本人や東南アジアの召使いらが含まれていたことにも起因するのかもしれない。

擂鉢は、十七世紀中頃〜十九世紀代のものが出土し、大小さまざまなタイプが見られた。料理に使うのはもちろんであるが、擂り跡がまったく見られないものも出土した。これらの使用痕のないタイプは、文献に、擂鉢を火鉢の火を消すためのおおい蓋に使用したという記述がみられるため、火消しの道具として別用途に用いられたことがわかる。

鍋は、国産の褐色の鍋が大量に出土している。これによく似たオランダ製の鍋も出土していることから、出島では国産の鍋が代用品として使われていたことがわかる。

このほかに、水や油、酒、調味料などの貯蔵用

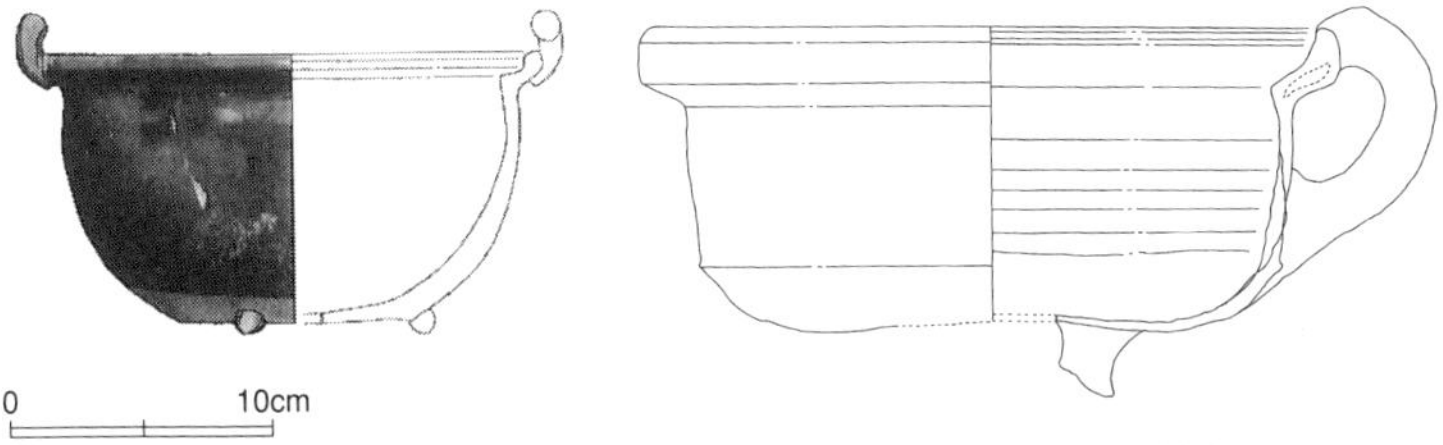

図70　出島出土の鍋　オランダ産（右）と国産品（左）

具として使用された国産の甕や壺類がたくさん見つかっている。甕は、長崎でよく使われる唐津製のものが多く見られる。これらの甕や壺も、実際に埋甕として使用された例があることから、擂鉢同様、別の用途も担っており、手水鉢や便槽などが考えられる。

最後に、食べかすとして捨てられた貝殻を見てみよう。ゴミ穴として掘られた穴からは、他の廃てられた物と混じって、貝殻が出土している。これらの貝は、長崎の近海で取れ、出島で食べられていたもので、主なものとして、カキやアワビ、ボラガイのほか、アサリやハマグリなどの二枚貝が出土している。とくに大型のカキの出土が目立ち、当時の出島近海が良好なカキの漁場であったこと、オランダ商館員が好んで食していたことがわかる。

商館員の使った道具

商館員たちは、出島で長い日々を過ごしたため、それぞれが身のまわりに必要なものを持ち込んでいた。とくに、クレーパイプは大量に出土し、商館員にとっては手離せないものであったことが出土状況からわかる。オランダ人が描かれた絵画や版画のなかでも、クレーパイプが象徴的に描かれている。

クレーパイプとは、オランダのハウダ（ゴーダ）地方の白色粘土でつくられたパイプのことで、出島を訪れた商館員やオランダ船の船員は、自分用のパイプを必要な数だけ準備し、長崎に来

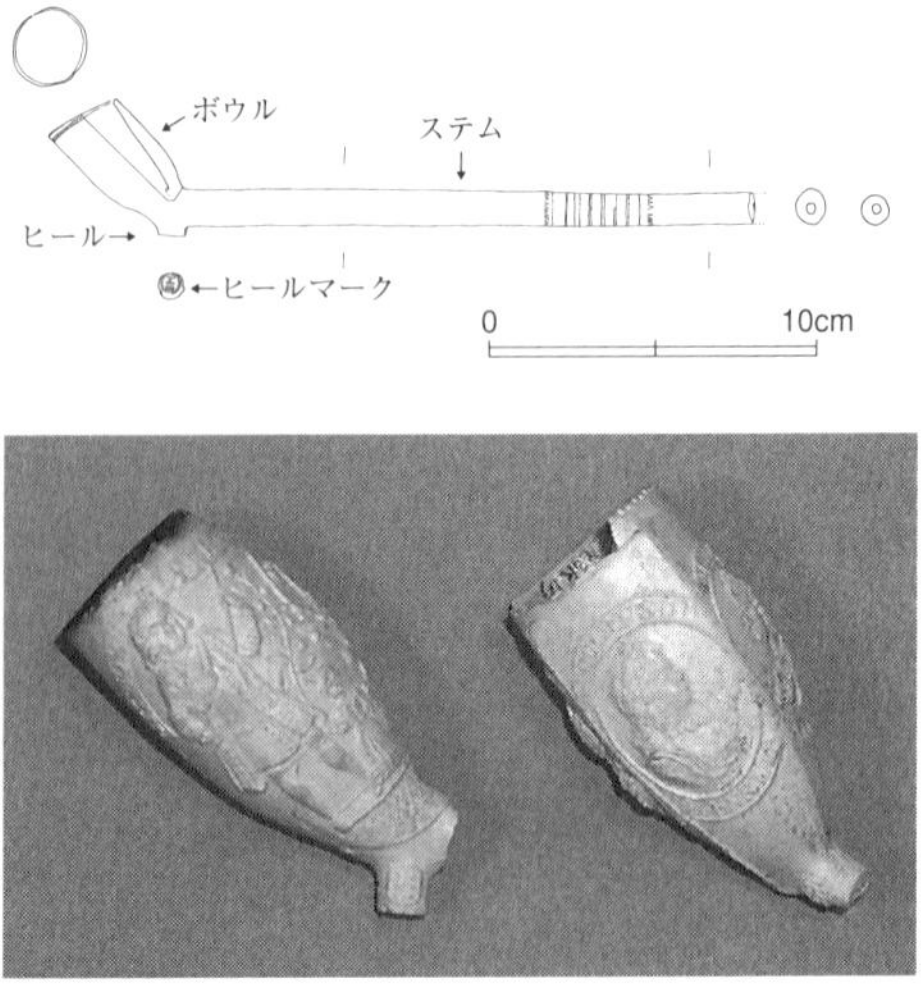

図71　クレーパイプ実測図と陽刻文のあるクレーパイプ（下）

ていた。消耗品であったため、使用済みのパイプがたくさん出土している。オランダでは、長年に渡るクレーパイプの研究が蓄積され、ヒールの部分に付けられたマーク（印章）からつくられた会社や製作年代がわかり、マークが欠損している資料については、全体的な形状から半世紀ごとの時期区分が可能となっている。

現在出島では、出島初期の十七世紀中頃の資料から、クレーパイプが衰退し、木製のパイプへと移行する十九世紀前半までの資料が出土している。前述のヒールにマークを施し、ボウルの部分が研磨されるタイプが主体を占めるが、ボウル全面に文様が施されるタイプが数例出土している。この文様にはそれぞれ意味があるが、一般的には当時の王侯貴族に祝事があった場合に、それをモチーフとした絵柄が作成され、一時期にそのパイプが製作されるという。現在の記念切手や記念硬貨のようなものであるらしい。出土資料としては、製作年代が厳密に確定できるため、貴重な資料といえる。

また、護岸石垣前面の発掘調査時に十九世紀中頃のイギリス製クレーパイプが出土しており、その頃の喫煙具の変化の一端を示している。

この他、ピンセットやコンパスなどの道具類が出土している。

ところで、商館員たちは、出島で当時のヨーロッパの衣装を身にまとっていた。土中からは、これらの衣類は見つからないが、その一部であるボタンが見つかっている。当時のボタンの材料は、金属や貝、骨などで、出島からは貝や骨のボタンが見つかった。

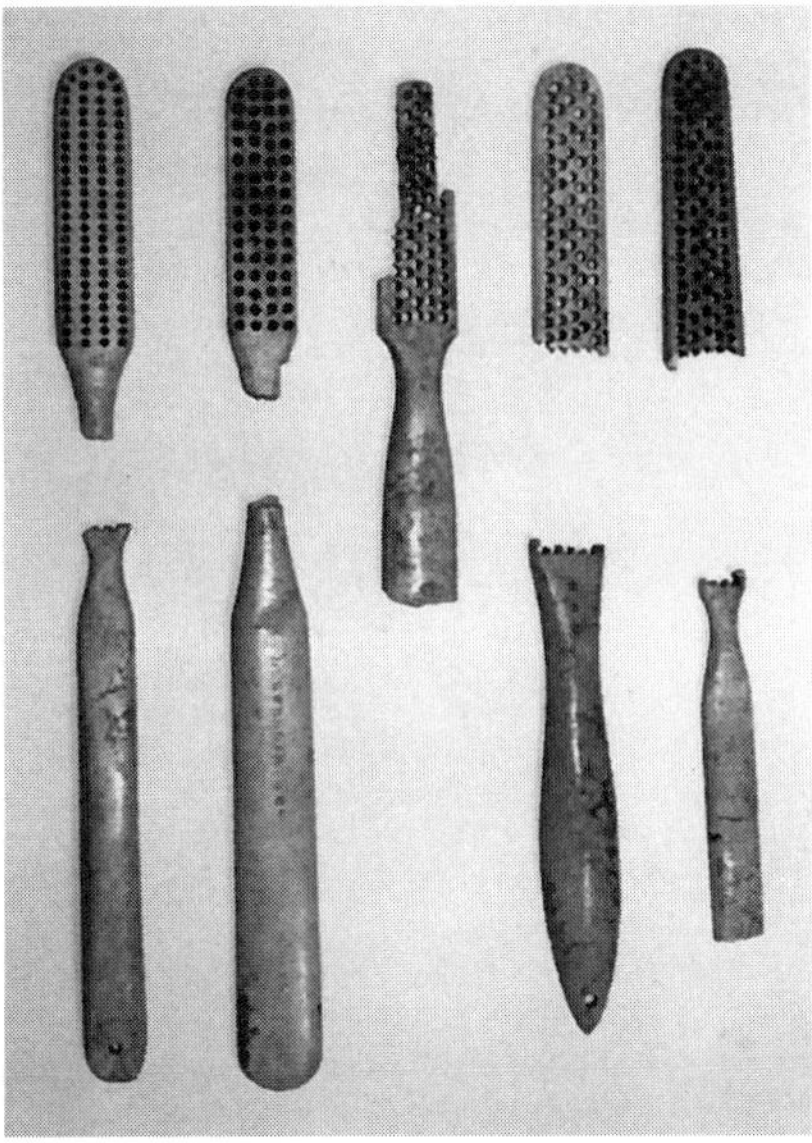

図72　骨製の歯ブラシ

他にもめずらしい生活用具として、歯ブラシやヘアーブラシが出土した。いずれも牛の骨が材料で、歯ブラシは表面がよく研磨され、現在の歯ブラシの形と同じである。このほかに、三センチほどにカットされた牛の骨がまとまって出土し、骨製の加工品をつくるために準備された材料であったと考えられる。

日本人の残したもの

出島には、検使や乙名などの役人、阿蘭陀通詞、雇われた大工や荷物を運ぶ人夫、入札に参加した商人など多数の日本人が出入りしていた。これらの日本人は、仕事の内容によって、出島に長く滞在し、寝泊りする場合もあった。そのなかで、さまざまな道具が必要となった。これらの日本人が使用したと思われる遺物が、出島から見つかっている。

文筆具としては、石製の硯と水滴が出土している。出島のなかでは、阿蘭陀通詞が通訳業務に、乙名や乙名付きの筆者が出島を管理する記録や帳簿の作成時に、筆記具を使用していた。これらの筆記具は、市中の町屋の発掘調査でも出土する当時の長崎では一般的な道具であった。ちなみに、オランダ人の書記たちは、羽ペンとインクを使用していた。文字文化と道具の違いを考える好例である。

また、銅製の煙管と火入れや灰落しなど、喫煙に関する遺物が出土した。いずれも使用痕が見られる。出島のなかで、オランダ人はクレーパイプ、日本人は煙管で煙草をくゆらせていた。

さらに、さまざまなタイプの陶器製の灯明具も出土している。夜には、ほとんどの日本人が仕事を終え、出島を引き揚げるが、貿易期間中は、乙名が乙名部屋に詰め、通詞も貿易に関する記録の翻訳業務に大忙しであったことがわかっている。また、夜警の番人は交易期間を問わず、出島に詰めていたため、これらの灯り取りの道具が出島においても必要であった。

遊女の足跡

出島に出入りした日本人のなかで、特別な存在として遊女が挙げられる。遊女は、当時女性の出入りが許されていなかった出島に、唯一入ることができた女性たちであった。長崎の丸山町、寄合町の遊女が、商館長や商館員に請われて出島に赴き、カピタン部屋に寝泊りすることもあった。遊女と商館長や商館員の間には、子供も生まれていて、数えで七歳までは出島に滞在することが許された。出島からは、当時女性が身に付けていたものや、装いのなかで使用する道具が出土した。以下、遊女が使用したと思われる遺物を紹介したい。

出土した簪と指輪は、いずれも中国製のガラス

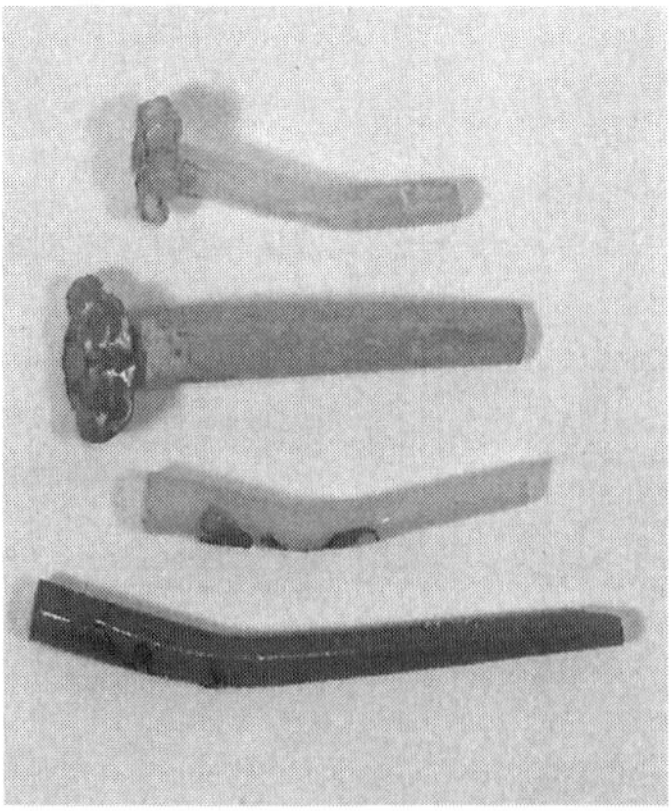

図74　中国製簪

図73　出島の絵画史料にみえる遊女
（上：川原慶賀筆唐蘭館絵巻「宴会図」。
下：川原慶賀「長崎出嶋館内之図」）

でつくられたもので、当時、遊女はもとより長崎の市中の女性も身に付けていたものである。素地が不透明で、青色もしくは白色、簪は赤色や青色の花の飾りが表面に焼き付けられている。

紅皿も出土しており、小型のものと、丸碗の形のものに大きく分けられる。小型の紅皿は菊花の形や、丸に鎬が施された型押し成型。丸碗型ものは、表面に「大坂新町於笹紅」の文字が描かれている。碗は長崎の波佐見焼で、紅は大坂でつくられたものである。

遊びの道具としては、サイコロや碁石、泥面子やミニチュアの土人形、土鈴などの遊具が出土した。長崎の市中でもよく出土する、割れた陶磁器片を丸く打ち欠いてつくった面子もたくさん出土する。遊女やその子供達が遊んでいたのであろうか。

図77　川原慶賀筆蘭館絵巻『動物園図』

出島の動物

出島からは、さまざまな種類の動物の骨が出土する。出島が描かれた絵画のなかには、食用として牛や豚が飼われ、見せ物用としてめずらしい動物が持ち込まれ、またペットとしての犬や猫の姿も描かれている。これらの動物は、一部の犬や猫以外はオランダ船によって運び込まれたもので、出島の東側の庭園部分はさながら動物園のようであった。絵画に描かれた陸上の動物たち以外に、食べられた魚の骨も見つかっている。

いちばん多く出土するのは、牛の骨である。これらは、東南アジア方面からオランダ船で運ばれたセブ牛（インド牛）で、出島の飼育小屋で秋頃まで太らせ、その後調理されたものである。このほかに、長崎の近郊の農家から、オランダ商館が仕入れた和牛や、東南アジアから琉球一帯に生息する水牛などの骨も見つかっている。

牛以外では、ブタ、ヤギ、ヒツジ、ウサギなどの哺乳類の骨や、鳥の骨も見つかっている。鳥はニワトリ、キジ、カモなどの食肉用がほとんどであるが、当時出島にはオウムやインコなど鑑賞用の鳥も多数持ち込まれていた。このほかに、犬や猫の骨が見つかっており、大型のものから小型のものまでさまざまな種類の犬がいたことがわかる。

魚は、食卓の風景が描かれた絵画のなかで、油揚げや、潮煮などの料理として見られる。出土した魚の骨の種類は、マダイやエイのほか、サメやマグロがある。これらは長崎の近海で釣れる魚である。

生活遺物の特徴　このように、日々の生活のなかで使用されたさまざまな種類の遺物が出土している。出島ならではの特徴としては、日常品であっても、生産地が多国籍であること、また、生活様式の違いから、出土資料の用途に言及する場合、一般的な使用法以外についても検討する必要があることなどが挙げられる。中心に位置づけられるのは、一〇数名のオランダ商館員であるが、多くの人びととのかかわりのなかで、不自由な狭い島での暮らしを彩るさまざまな出会いや催し、趣味、嗜好があったことがうかがえる。

5　出島から見える世界と長崎文化

前項までに記したように、出島からは、さまざまな貿易品および生活雑器が出土する。このうち、その主体を占める肥前磁器および特異な輸入品について掘り下げ、出島を舞台とした異文化交流の様相について触れたい。

肥前磁器と諸外国のかかわり　肥前磁器の始まりと、出島から出土した各様式の磁器については前項に記したが、オランダ東インド会社の注文による製作の背景と、アジア、ヨーロッパでの展開について述べたい。

肥前磁器の輸出最盛期の様相については、注文された内容と数量、そして実際にその表記からイメージできる磁器の同定が、佐賀県立九州陶磁文化館および佐賀県有田町を中心とする研究者らによって明らかにされている。

　十八世紀の初めごろに描かれた出島の絵画には、出島の北東部に「伊万里焼物見せ小屋道具入」と記された建物が描かれる。この建物からも、当時出島のなかで、貿易品として古伊万里が重要な位置を占めていたことがうかがえる。出島では、この時期古伊万里のほかに、銅や樟脳などがおもな輸出品として取引きされていた。オランダ船が港に入り、貿易で賑わう夏から初秋の間が、人や物資の出入りが盛んで、最も出島が活気付く季節であった。オランダ商館の注文に応じ、必要な品物を準備する有田の窯場も、納品に追われたのであろう。

　実際に、海外に渡った輸出向け磁器はどうなったのであろうか。オランダ東インド会社のアジア域内における貿易活動については、現在詳細な調査が行われている。一九八〇年に刊行された山脇悌二郎の『長崎のオランダ商館―世界のなかの鎖国日本』という書籍は、アジア各都市間の貿易を含め、網羅的に著述されたもので、出島の貿易を考える上で基本となる文献の一つである。現在は、九州産業大学の研究機関によって、この研究成果に、さらにアジア内での中国陶磁器の動き、各都市間での動きなど物流の実態に則した考察が加えられ、その様相が解明されつつある。

　具体的には、出島から帆船によって運ばれた古伊万里は、まずインドネシアのバタビアに降ろされる。その後船を移しかえ、アジア域内に運ばれるもの、ヨーロッパに運ばれるものに分かれる。これにより、多くの古伊万里がインドネシアやイスラムに持ち込まれるが、アジアについては、オランダ船が運んだ古伊万里の個数よりも、中国船が運んだ数のほうが多かったといわれる。この中国船も、出島と同じ、長崎の唐人屋敷から出発した船であった。アジアではトルコのトプカプ宮殿に、古伊万里の名品が数多く残されている。このため、海外から肥前磁器が出土したからといって、そのすべてが出島を経由したというわけではないのである。しかしながら、文化や生活様式を背景に、それぞれの国の人びとが必要とした器は異なる。飯碗ひとつとっても、アジアの人びとは碗を必要とするし、西洋では平皿を用いる。文化や習慣、あるいは宗教によって需要は変化する。このことを考慮し、今後出島出土遺物の器種構成や文様のあり方などを検討していきたい。

さらに、肥前磁器と西洋のかかわりを見ると、日本の磁器がいかに優れた工芸品であったかがうかがえる。肥前磁器の輸出は、初めは東南アジアやイスラムに向けてのものであったが、ヨーロッパの王侯貴族の東洋への興味や憧れとあいまって、高級磁器として権力者が収集するようになる。当時のヨーロッパでは、まだ硬質な磁器を焼成する技術がなく、中国や日本の磁器が求められた。日本の磁器でそのさきがけとなったのは、柿右衛門様式の磁器である。柿右衛門様式は、海外への輸出向けにつくられた高級磁器で、日本的な文様と非対称な構図がかもし出す絵画的な雰囲気、白濁した素地に鮮やかに映える上絵付けが好まれた。その後ヨーロッパ各地の王侯貴族が、自らの領地に開いた窯で、この様式の「写し」をつくらせた。

柿右衛門様式の後、有田では染付に赤や金彩を施す金襴手（古伊万里様式ともよばれる）の磁器が製作された。大型の壺や瓶、大皿など各種の器形がつくられ、ヨーロッパの宮殿を華やかに飾った。とくに、プロイセンの王フリートリヒI世やザクセンのアウグスト強王が数多く収集したことが知られている。規則的に並べられた宮殿の様子から、当時古伊万里が、室内装飾品として用いられていたことがわかる。また、その生活習慣にあわせて、さまざまな用途の器がもとめられ、その注文に応じて、有田の陶工たちは当時の日本国内では用いられない形の器もつくった。ヨーロッパの陶器や炻器、金属器を手本に、そっくり写した肥前磁器も、出島から多数出土する。

その後、王侯貴族が保護した各地の窯、マイセン（ドイツ）、チェルシー（イギリス）、セーブル（フランス）などで、上質な磁器の焼成が可能となり、また一時停止していた中国磁器の輸出が再開され、肥前磁器のヨーロッパへの輸出は衰えていった。こうしたなかで肥前磁器は、国内向け製品の製作へと転換していく。

大量の海外向け輸出磁器を実見するなかで、国内向け資料と比較してみたときに、本当に良いものというのは少ないような気がする。金襴手様式の壺や鉢など、華やかではあるが、非常に大味な感がある。これは、前記のような西洋での使用方法に由来する。これらの壺類は、ヨーロッパでは宮殿や邸宅の広く高い天井をもつ広間で、シャンデリアや壁紙が張られるなかで壁に飾るため、大きく華やかであることが求められる。このため、求めに応じ、日本人の美的感覚とは合致しない様式が確立され、海外に輸出された。

商館長の洋式銃

特筆すべき遺物として、カピタン部屋跡から出土した洋式銃が挙げられる。この洋式銃は、カピタン部屋の東側の壁付近に、小さく掘り込まれた穴から出土した。中には、銃一丁と未使用の弾二一発、棒状製品が納められたブリキ製の箱一個が埋められていた。そのほかの遺物はまったく混在せず、銃と関連資料一式を埋めるためだけに掘られた穴であることがわかる。

図76　洋式銃出土状況

銃は、発見時かなりの錆が付着しており、形状が明確ではなかったが、クリーニング作業とその後の保存処理により、おおまかな特徴がとらえられる状態になった。梶輝行（西洋砲術研究家）の調査の結果、銃は十九世紀中頃にフランス人のル・フォショウにより発明されたリボルバータイプであることがわかった。同型の製品は、フランス、ベルギーなどヨーロッパ各地で製作されたが、本資料は取手部の形状からオランダもしくはベルギー製と思われる。

弾も、一八三六年に同人により発明されたピン・ファイア式薬莢であった。このタイプの弾は、雷管を強打するピンが外に突き出ているのが特徴で、この突き出たピンがカニの目のようにみえることから、幕末に日本に輸入された当時は「カニ目打ち」とよばれていた。外的な衝撃による火薬の暴発の危険性が高いため、ヨーロッパでは後に使用されなくなるため、使用期間が限定される弾である。

さらに、棒状製品については、梶の調査等によって大砲の導火管であることがわかった。遺物出土時にはわからなかったのだが、銃と大砲関連器具の二つの武器に関する資料を見つけていたのであった。

この銃は、その出土状況から商館長の護身用と思われる。鑑定結果から、その時代のカピタンとして、ヨセフ・ヘンリー・レフィスゾーン（一八四五〜一八五一年着任）やドンケル・クルチウス

（一八五二〜一八六〇年着任）が挙げられる。この時期、国内では、開国への大きな潮流のなか、尊王攘夷派による活発な政治活動が行われ、薩摩藩や鍋島藩などの諸藩が軍備に力を入れるなど、西洋の武器をこぞって入手しようとしていたことが知られている。その際に、オランダ商館出島が果たした役割は大きい。これら西欧式近代火器について、先覚者といえる人物が長崎の町役人であった高島秋帆である。高島秋帆は、ゲベール銃などのヨーロッパの銃を輸入し、西洋砲術の研究を行い、高島流砲術を主宰した人物である。これら幕末期の要人達により、出島を介在して、多数の銃が国内に持ち込まれた。このような動乱期にあって、国の威信をかけて通商による利権を守ろうと、行動した商館長の姿が浮かび上がる。

現在、この洋式銃は、同タイプの伝世品が残っており、幕末から明治期にかけて日本国内に輸入されていたことが知られている。出島にオランダ商館長が持ち込んだときには、おそらくヨーロッパでも最新式の銃であったのであろう。

ところで、この銃は、保存処理に取り掛かる際にX線写真撮影を行い、弾倉に弾が込められた状態で廃棄されていたことがわかっている。火器に詳しい人物であれば、その状態が危険であることは充分承知しているはずで、あえて銃に弾を込めた状態で廃棄した商館長の行動が示唆するものが何であったのか、考えさせられる。

出島の食文化

出島に住むオランダ商館員は何を食べていたのだろうか、この素直な問いに対する答えが、出土遺物のなかに隠されている。先述のように廃棄土坑のなかの食物残滓には、カキやアワビ、テングニシ、ハマグリなどの貝類、ウシ、ブタ、ヤギ、ヒツジ、ニワトリ、カモ、キジなどの獣骨、マグロやサメ、タイ、エイなどの魚骨がみられる。また、調味料については、その容器の出土から、コンプラ瓶の醤油、東南アジアや中国南部で生産された壺に入っていたと思われる油や酒、焼塩壺の塩などが挙げられる。日本国内から調達したもの、海外から持ち込んだものに分かれる。

図77　阿蘭陀冬至再現料理（カピタン部屋大広間）

このほかに発掘調査での出土は確認できないが、さまざまな野菜類やバターなどの乳製品が前記の食材と合わさって、出島の食卓に供されていたのであろう。

また食材ばかりでなく、食文化の観点では、その調理法や食卓への給仕方法、用いられた食器やカトラリーからわかるテーブルマナーなども重要な要素である。調理法では、絵図に描かれる調理場の風景と比較すると、オランダで一般的に使われる保存容器や、中国製の壺、日本製の鉄鍋や木桶などの出土品が調理道具として実際に使用されたことがわかる。金属製品は残りがよくないため、カトラリーについての詳細は不明だが、用いられた食器が時代ごとに異なることや、ワイングラスや調味料入れなどにガラス器が使用されていたことも出土資料からうかがえる。

このような出土資料を用い、どのような食卓の風景が存在したのかについては、蘭館図に所収される宴会図や阿蘭陀正月の献立などの文献史料からうかがい知ることができる。

現在、カピタン部屋二階大広間では、商館の一年の行事のなかでも、最も豪華な食事を行う日の一つである「阿蘭陀冬至の祝宴の風景」の再現展示を行っている。ボアーズ・ヘッドや豚ラカン、塩牛など、見慣れない料理が並ぶ。これらの料理を並べた皿や鉢、グラス類には、出島で出土例のある資料、もしくは同等品を選択している。

輸入品と長崎事始め

このように、出島を介してさまざまな資料が海外から持ち込まれたことにより、長崎では他の都市にはみられない世界各国の文物が集まり、ここから日本国内に広められた。それは、文物のみならず、それを使用することによって、海外の文化も同時に取り入れることとなった。このため、長崎には「長崎事始め」という言葉がある。長崎から伝わった文化が、いつしか日本国内に根付き、形を変えつつも現代の生活のなかにその痕跡を留めている。出島もその役割の一端を担ったのである。

Ⅵ　出島をめぐる諸問題

1　現存する膨大な資料

一六三六（寛永十三）年の出島の完成から、一八五九（安政六）年の出島和蘭商館の廃止、その後周囲が埋立てられ現在にいたる過程は、確認されている出島の絵図や出島が描かれた器物、また幕末から明治にかけての古写真や地籍図など、膨大な史料のなかに記されている。国内外のこれら出島関連史料を集成した『出島図』（長崎市出島史跡整備審議会編・長崎市発行）は、現在でも出島研究の上で欠くことのできない大著として知られ、さらに、近年、新たな出島関連史料の発見も次々と報告されている。

現在、長崎市が復元を行っている十九世紀初頭の出島については、この年代の出島図が豊富であることも復元時期決定の一因となっており、カピタン部屋を含む一〇棟が二〇〜三〇年ごとに変化する様相が確認できる。

また、オランダ東インド会社関連の業務記録も、オランダのデン・ハーグを中心に南アフリカ、インドネシアなど東インド会社拠点地域の公的な文書館に収蔵されており、その全体像の把握が研究者によって行われている。

絵画資料

出島が描かれた絵画は、国内外に多数残されており、現在でも、海外における新資料の発見や、量産された版画などについては国内での売買が行われている。

絵画資料を大きく分けると、その構図から四つの区分に分けることができる。一つは鳥瞰図で、長崎港と町の様子を描き、そのなかに海に浮かぶ島としての出島を描いたもの。二つめは出島の扇形の内部を立体的な描写で描いたもので、出島の全体像をとらえることができる。三つめは出島の

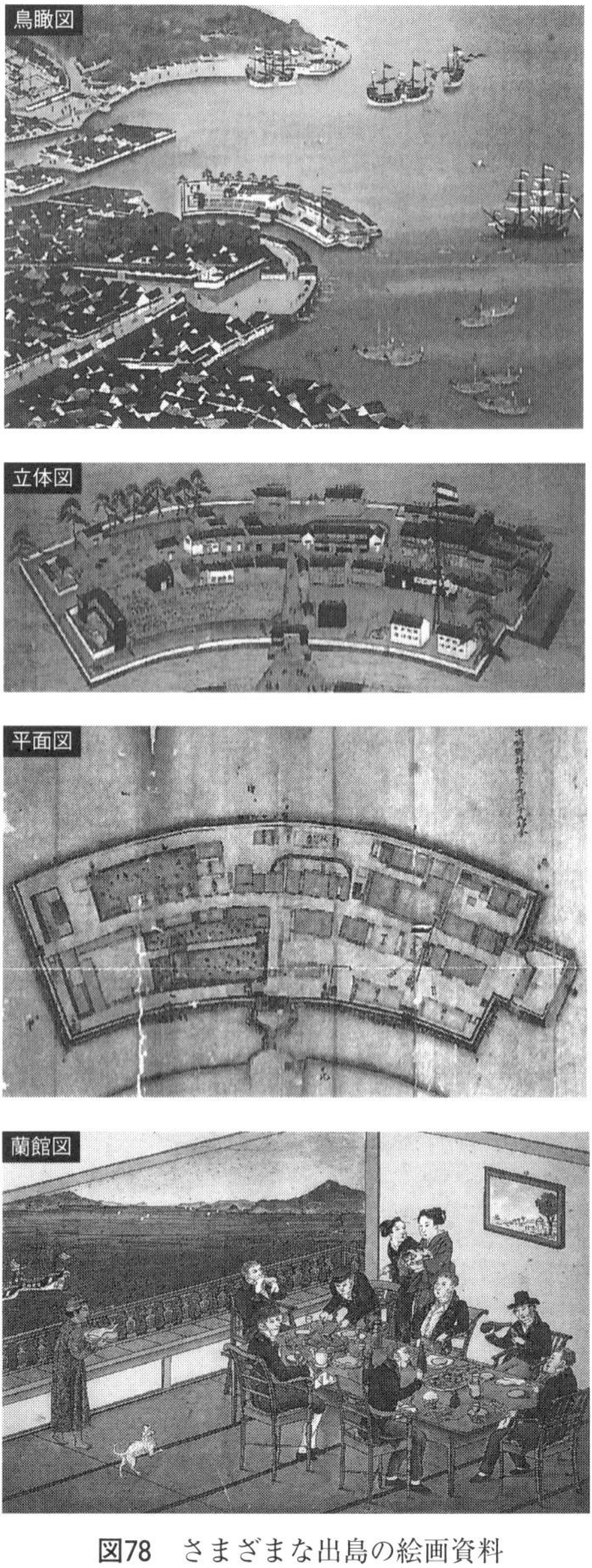

図78　さまざまな出島の絵画資料

平面図で、建物の規模や配置、その性格などが記されたもの。そして最後が、出島内部における生活や貿易活動の様子を描いた蘭館図である。

鳥瞰図や蘭館図は、絵師のイメージや注文主の要求により、いわゆる出島らしさが誇張されて描かれたものが多い。出島の立体描写は、発掘調査で検出した遺構に、構造的な部分から示唆を与えるものである。平面図は、その配置や規模など、直接的に発掘調査成果と結びつく資料である。

平面図の例を元に、発掘調査を実施したカピタン部屋の時代的な変遷を見ると表2のようになる。これらの平面図は、出島の敷地内における建物の位置関係、形状、規模などの参考となる史料である。図上に間数や家屋の所有者、建物名称(利用方法)などが記される例が多く、色分け区分にもその図ごとに凡例が示される。さらに、出島図の立体描写図から同様にカピタン部屋を見てみると表3のようになる。

その後十九世紀中頃になると、政治情勢の変化にともない日本が近代化を急ぐなか、出島がその教育、指導の任を負うことになり、指導育成にあたる教官などの入居者が増え、出島館内の様子は著しく変わっていく。

出島絵図は、前述した構図による区分の他、絵師による分類、材質による分類、伝世による分類などが可能である。絵師による分類は、日本人絵師が描いたものと、オランダ東インド会社やイエズス会の記録などからとりまとめられた外国人の手によるものに分けられる。特筆すべき絵師として、出島出入絵師の川原慶賀が挙げられる。慶賀は出島蘭館医として来日したシーボルトの依頼を受け、西洋画の要素を取り入れ、写実的な絵画を描いたことで有名な絵師である。このほかに、長崎の地役人であった唐絵目利らによる出島絵図も

表２—１　平面図からみた出島の変遷

寛政の大火以前：1798年以前 『長崎諸役場絵図所収出島図』の西半である。中央通路を挟んで南側のカピタン部屋、乙名部屋については当時からこの位置関係にあるが、北側の建物列については、火災後に建てられる建物群とは位置関係が異なることが分る。火災直前の出島を示す史料である。	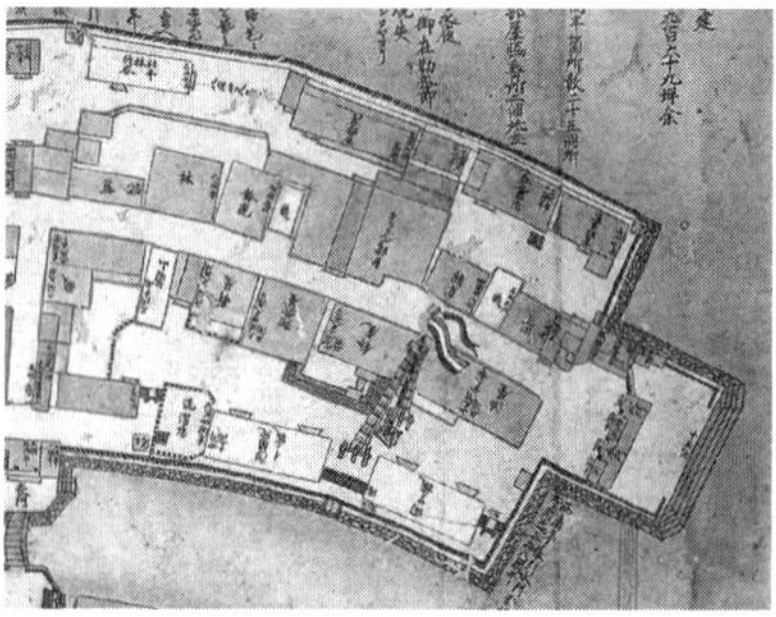
寛政の大火以後：1798～1809年 『長崎諸官公衙付近之図』の西半である。火災後に西側の建造物の再建が行われ、中央通路より北側の一番蔵から三番蔵及び拝礼筆者蘭人部屋の建物群が建造されている。南側では乙名部屋が再建されているが、遅れて1809年に完成するカピタン部屋と料理部屋が描かれていないことから、1809年以前の資料である。	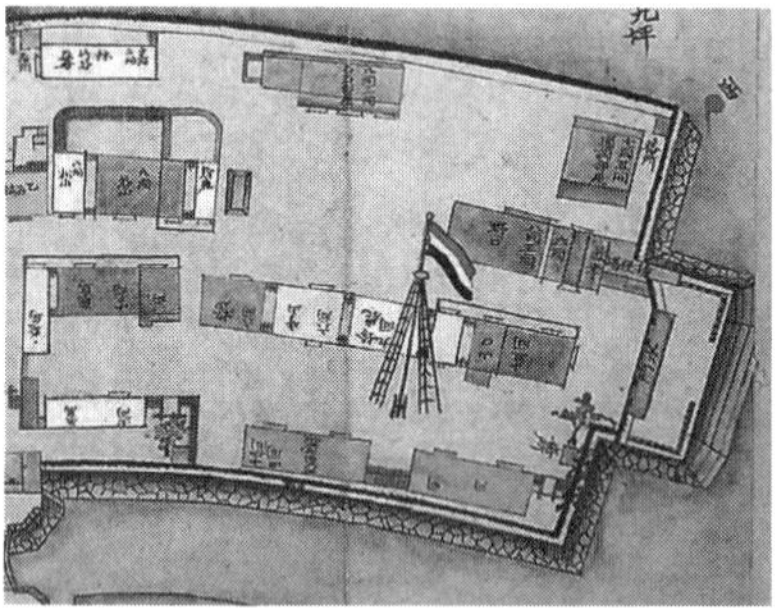
カピタン部屋再建後：1809年以降 『崎陽諸図所収出島図』の西半。カピタン部屋が完成し、料理部屋も描かれていることから、文化６年以降の史料である。涼所の平面形は矩形をなし、カピタン部屋内部に階段が設けられている時期にあたる。	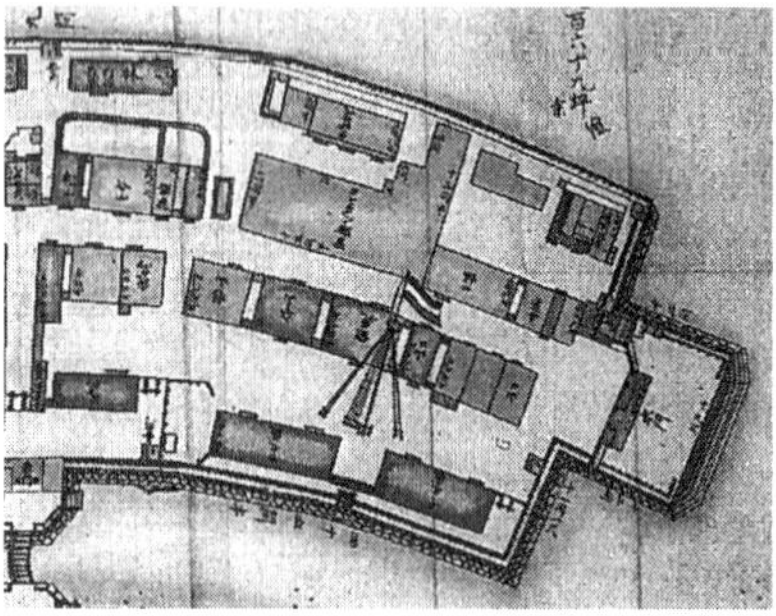

表２―２　平面図からみた出島の変遷

カピタン部屋改修後①：1809年以降（1814年付記）	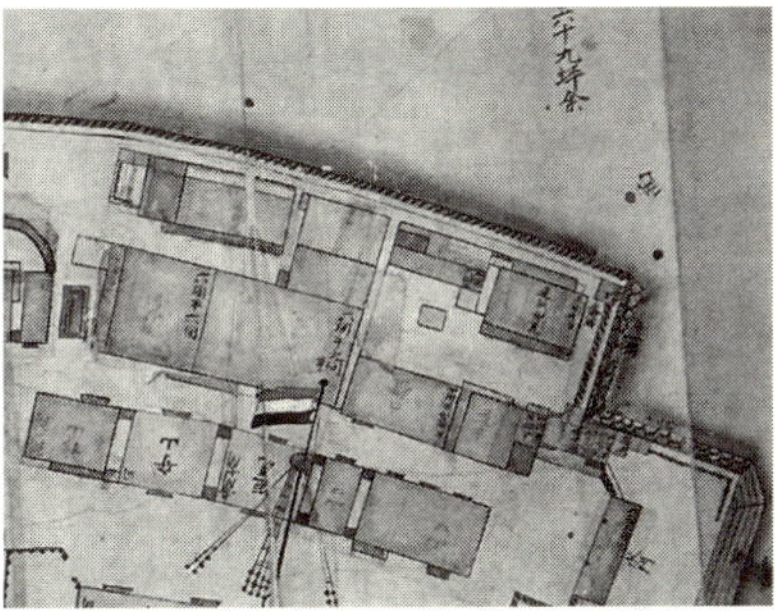
『文化五辰六月御改長崎諸官公衙図所収出島図』の西半。カピタン部屋をみると、上貼りがみられ、当初は前期と同様のカピタン部屋平面形で、その後のカピタン部屋涼所や三角階段の取り付け、改修に対応し、付記されていることが分かる。階段の工事については、文化11年（1814）に商館長ドゥーフによって造られたことがオランダ側の文献から分かっている。	
カピタン部屋改修後②：1814年以降	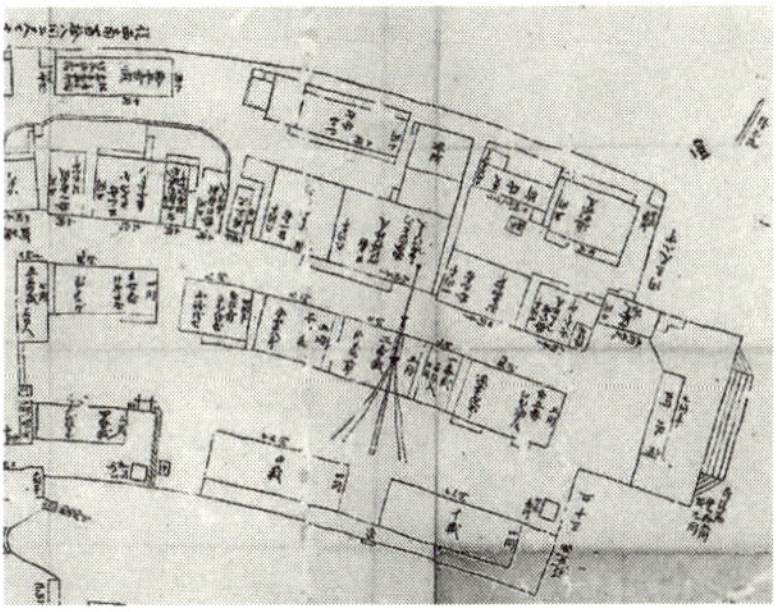
『出島麁絵図』の西半。天保９年（1838）に、他資料を写した史料であるため、原史料はこの時期以前の状況を示した資料と考えられる。このことから文政期から天保期までのカピタン部屋の形状を示す資料である。文化11年（1814）に造られた三角階段は、天保４年（1833）以降新階段に造りかえられるため、天保９年時の出島の姿を表さないことが分かる。全体的には、扇形の弧状のラインが緩やかなため、他の絵図に比較すると現在確認している出島護岸石垣のラインに近似する特徴をもち、建物の位置関係を測る上で、参考となる史料である。	
カピタン部屋改修後③：1854年以降	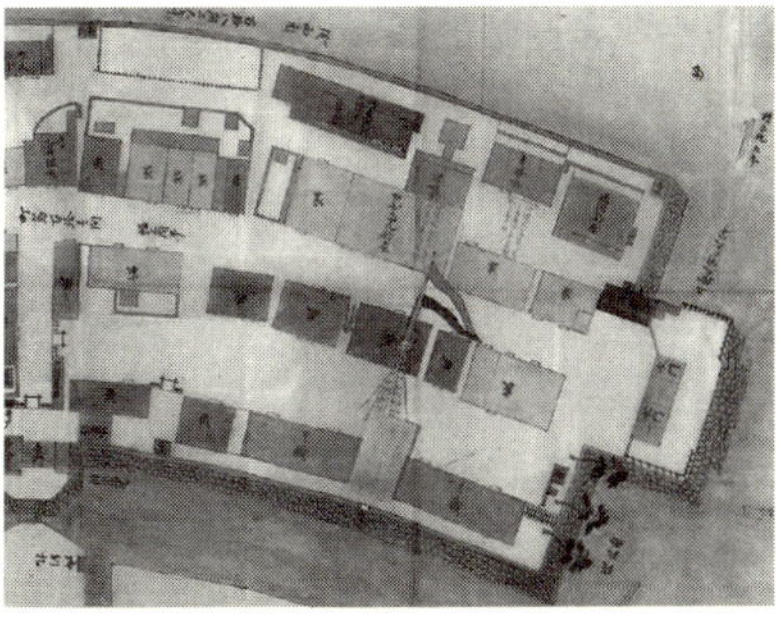
右図は、『当時出島図』の西半。安政元年（1854）以降の資料とされるが、まだ西側部分の埋立てが行われていないため、文久元年（1861）以前の史料である。カピタン部屋の涼所は前期からさらに形状が変化し、「紅毛人自普請」を表す朱の色区分から改修費用を商館側が負担したことが分かる。表に面した三角階段も取り外されている。この時期まで、乙名部屋、三番蔵、拝礼筆者蘭人部屋については、平面形につき大きな変更がなかったことも分かる。	

表3　立体描写図からみた出島の変遷

寛政の大火以前：1798年以前 寛政の大火で焼失する以前の図である。建物正面の出入口部は唐破風造りで、階段が内部にあった様子がうかがえる。北側には、一番蔵から続く倉庫群がまだ見られない。	
カピタン部屋改修後②：1814年以降 文化6年（1809）に完成したカピタン部屋が描かれているため、これ以降の絵図である。また1814年に改築が行われた三角階段がみられるため、再建直後ではなく、1814年から次に改修が行われる1833年までと推定される史料である。通り北側には、大火後に建設された倉庫群や拝礼筆者蘭人部屋が確認できる。	
カピタン部屋改修後③：1833年以降 右図は、さらにカピタン部屋の改修が行われた時期の史料である。三角階段が取り外され、外壁面が白壁に変わり、涼所の形状も前代からさらに変化している。通り北側の建造物群についても、建物外壁の様相が変化している。寛政の大火後の再建から半世紀弱が経ち、建物の老朽化や自然災害による損壊により、度重なる補修を行い、外観が一変している。	

多数描かれている。とくに石崎融思の格調高い長崎港図や阿蘭陀船、蘭館図などが有名である。

材質による分類は、紙本や絹本などの原本とその模写、そして大量に印刷された版画などが挙げられる。このほかに、漆器や磁器などの文様としても華やかな出島と港の図が取り入れられた資料が残されている。伝世による分類は、絵図が描かれた経緯やその元となった記録にまでさかのぼることになるが、海外に持ち出された出島図と国内に記録として残った図に分けられる。海外に持ち出された出島図は、もともと注文により制作されたものであるため、ヨーロッパ、とくにオランダを中心に現在も多数の出島図が残されている。これらは、海外に出島、ひいては日本を紹介する際に、挿図として引用され、また日本の民俗資料などの収集にあたり、オランダ人によって意図的に持ち出された絵図である。日本国内に残ったものは、元来幕府が重要諸施設の記録として残したものと、逆に長崎土産として当時もてはやされた版画類などの量産品であった。

文献史料　文献史料は、海外に伝来するオランダ東インド会社の貿易関連文書が圧倒的な質と量を誇る。これらの文書群の中心はオランダ、デン・ハーグ国立中央文書館である。このうち日本商館関係史料は、マイクロフィルムが東京大学史料編纂所に保管されている。これらの文書の内容は、商館長が記録した商館業務日誌、総勘定帳（仕訳帳と元帳）、船荷目録謄本、職員名簿などが挙げられる。このうち商館長業務日誌にあたる「オランダ商館日記」は、一六二七年〜一六四一年までの平戸オランダ商館時代、その後一六五四年までの長崎出島オランダ商館時代に至るまで、東京大学史料編纂所により、翻訳・刊行されている。このほか一八〇一年〜二三年までの

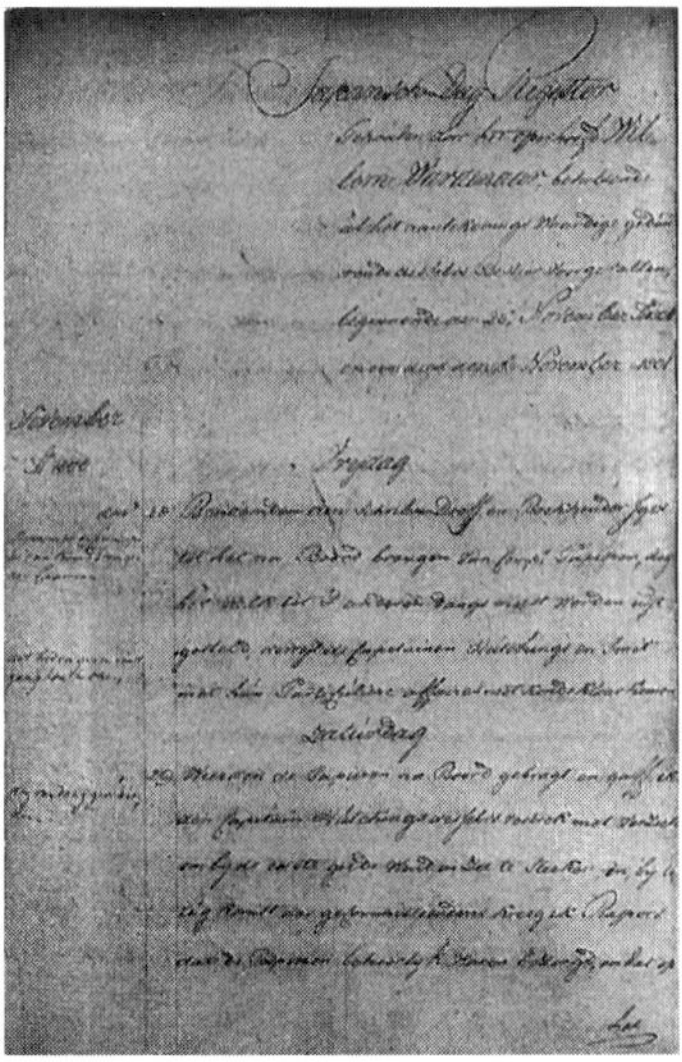

図79　1801年度オランダ商館日記本文第１頁

「長崎オランダ商館日記」は、日蘭学会によって翻訳され、現在一〇巻まで刊行されている。日本を含む世界各地の商館で書き残されたこれらの文書群は、当時の世界規模の貿易記録であり、また各地域の状況に言及した内容でもあることから、近年、その重要性が再認識され、文献史料の専門家らによる収蔵データ整理等が行われている。

　このほかに、出島に滞在した商館員らが海外において日本を紹介した手記が知られている。商館長であったティツィングやメイラン、ドゥーフや日本資料のコレクションを行ったブロムホフ、商館員であったフィッセル、商館医であったケンペルやツュンベリー、シーボルトらが有名である。

　日本側の史料としては、出島関係地役人らの史料や普請方の史料、日本側の貿易収支決算書や積荷目録などの公的な記録の他、犯科帳のなかに出島が関係する事件の記述がみられ、また出島を訪れた学識者による手記、旅行記などに内部の様子が詳細に記されていることが知られている。

古写真

　幕末頃になると、西洋の写真術が出島を経由して日本に伝わり、西洋人のカメラマンらによって、往時の出島の姿が写真に残されるようになる。この頃の出島は国際情勢の変化のなか、取り巻く環境やその担った役割も変化する時期であった。具体的には一八五九（安政六）年にオランダ商館は廃止され、カピタン部屋はその後領事館となる。これにともない、日本人役人の詰所であった乙名部屋がなくなり、内部の建物は除々に洋風化が進み、また出島を牢獄といわしめていた要素の一つである出島を囲っていた練塀も取り壊され、新たに低い塀が設置され、開放された空間へと変貌する。その変わりゆく姿が、西洋人カメラマン、後には日本人カメラマンによって撮影された。

図80　長崎出島とロシア人居留地

これらの古写真には、復元時期である十九世紀初頭から現存する建物、または一部の改修は行われるものの基本となる構造が変わらない建物が写っており、この部分が三次元的に空間の整備、建造物の復元を行う際の参考となったことはいうまでもない。現在これらの古写真は、オランダのライデン大学附属図書館および長崎大学附属図書館に大きなコレクションとして収蔵されている。

ライデン民族学博物館と日本資料　出島の整備事業全般に渡り、その関連資料を収蔵する重要な施設が、オランダのライデン民族学博物館である。本館は、十九世紀初頭に来日し、日本資料の収集を行ったブロムホフ、フィッセル、シーボルトの日本コレクションを収蔵している。前述した出島出入絵師、川原慶賀の絵画資料については、世界一の規模を誇る。また、当時商館長であったブロムホフが、約五分の一の建物模型をつくらせ、オランダ本国に送った「ブロムホフの出島模型」から、建具の詳細、部屋の間仕切り、内装についての情報を得ることができ、建造物の復元に際し、参考となった。

現在、ライデン民族学博物館とは、長崎歴史文化博物館が友好館として提携し、資料の相互展示や共同研究などを行っている。

2　長崎市中の発掘調査

出島を理解する上で重要なのが、長崎市中における近世遺跡の発掘調査成果である。

長崎の町は、十六世紀末、岬の先端を中心に六カ町の町建てが行われ、その後その台地上に順次建設された町々が江戸時代の中心となる。一六七〇年代には、後に長崎奉行の支配下におかれる八〇カ町がつくられ、その町ごとに特徴的な色合いをもつことになる。これら八〇カ町の分布範囲は、町の中心部を流れる中島川および町の東側を流れる銅座川流域の低地部分と、中島川の西側に位置する台地から長崎港の海岸線ラインまでに大別できる。

出島の発掘調査が本格的に行われるようになった一九九六年以前、長崎市の中心部、すなわち江戸時代に旧八〇カ町であった区域において、度重なる近世遺跡の発掘調査が行われた。とくに一九九〇年から連続的に行われた民間事業者による再開発にともない、旧六カ町の区域となる現在の万才町、興善町付近をはじめとする大規模な緊急発掘調査が行われ、その成果から長崎の近世遺跡の重要性が示され、後の調査へと発展していく。そうしたなか、長崎市による三校統廃合が計画され、この大型の公共事業にともなう発掘調査では多くの成果が挙げられた。また、同じく長崎歴史文化博物館建設事業にともなう発掘調査によって、長崎奉行所立山役所跡という長崎にとって重要な拠点となる遺跡の発掘調査が行われた。これまでの調査で、現在、近世遺跡は約五〇カ所発見されている。

　これらの近世遺跡は、最初に発展した岬の突端（現在の県庁付近）から桜町（現在の長崎市役所付近）を結ぶ台地上に、往時の役所や地役人、豪商の屋敷跡が分布し、主要な遺跡が存在する。その後、台地の東側および西側に広がる丘陵上に市域が広がり、そのなかに、各種の生産業を営む町屋や、海外貿易に携わる商家が位置する。さらに、丘陵を下ると、台地西側の港に近い部分については、海外貿易にかかわる九州諸藩の蔵屋敷など、海運を利用した諸施設が設けられた。台地の東側に広がる低地部では、河川の水運を利用した町が建設される。中島川、銅座川流域では、両河川を利用した手工業者が軒を連ねる町が形成され、旧町名にみられる紺屋町、桶屋町、酒屋町などがそのことを証明している。この一帯に、長崎市中を支えた町人文化の源となる町屋の遺跡が存在する。このように、わずか一平方キロの狭い長崎市中であったが、その起伏に富む地形によって、住み分けがなされ、機能的な町並みが江戸時代初期には整備され、その後大きく変化することとなく、発展していった。

　これらの遺跡群のなかから、発掘調査の規模と遺跡の立地に着眼し、主要な遺跡を紹介する。

（一）台地上の遺跡

万才町遺跡　一九九一年に行われた高島秋帆旧宅跡を含む地点の発掘調査により、その存在が広く知られた遺跡である。発掘面積が一七五七平方メートルと広大であったため、往時の屋敷跡全体の遺構を面的に検出することができ、建物礎石や廃棄土坑、井戸跡など、その後の長崎における町屋遺跡の指標となる遺構群を検出した。西

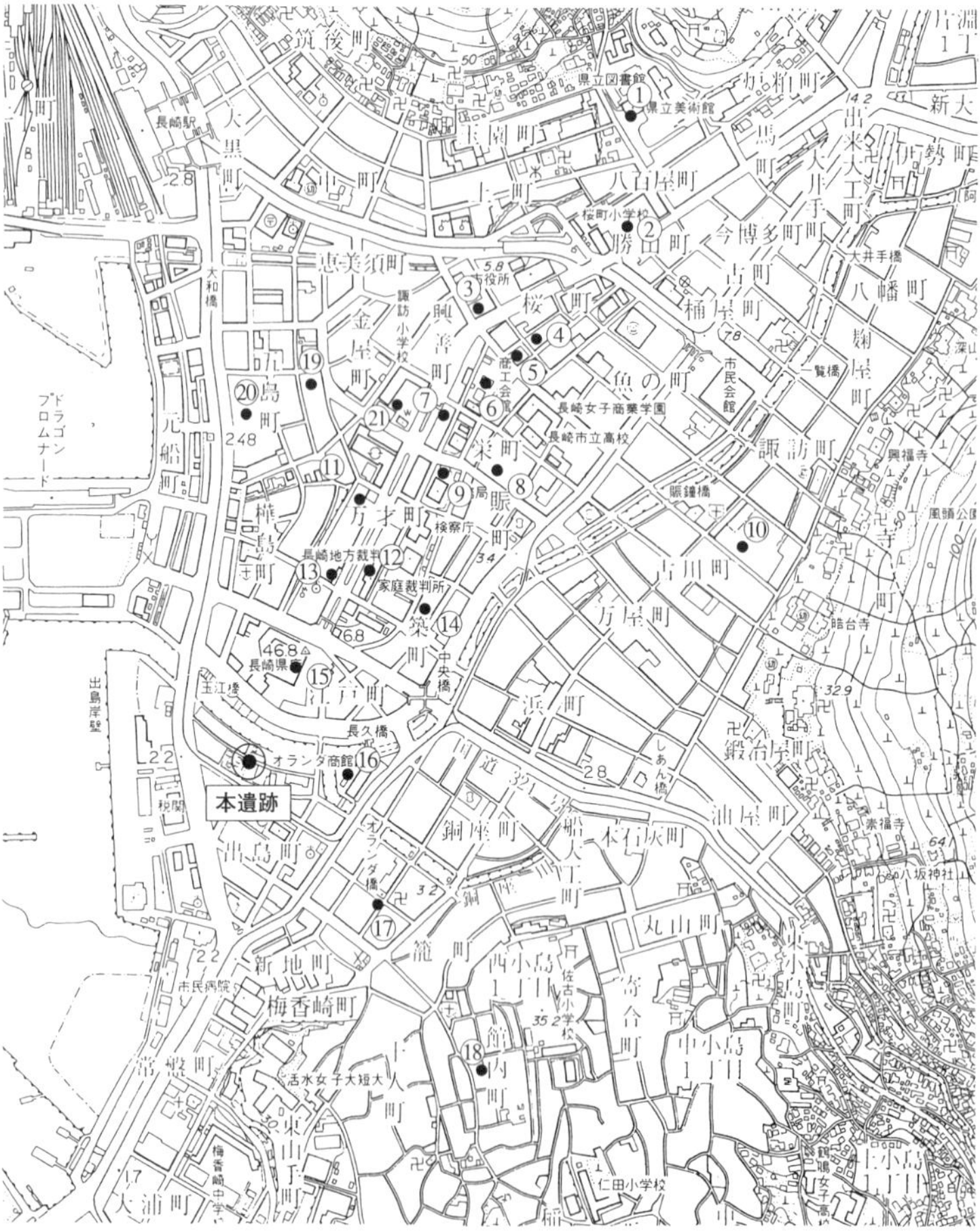

番号	遺　　跡　　名	番号	遺　　跡　　名	番号	遺　　跡　　名
1	長崎奉行所立山役所跡	8	栄町遺跡	15	長崎奉行所西役所跡
2	勝山町遺跡	9	万才町遺跡（松尾宅跡）	16	銅座町遺跡（対馬藩蔵屋敷跡）
3	桜町遺跡（制札場跡）	10	磨屋町遺跡	17	新地唐人荷蔵跡
4	桜町遺跡（医院併用住宅）	11	万才町遺跡（朝日生命ビル）	18	唐人屋敷跡
5	桜町遺跡（県警察官舎）	12	万才町遺跡（高島秋帆宅跡）	19	金屋町遺跡
6	興善町遺跡（徳見宅跡）	13	万才町遺跡（県庁新別館）	20	五島町遺跡
7	興善町遺跡（八尾宅跡）	14	築町遺跡	21	興善町遺跡（現長崎市図書館）

図81　本遺跡と周辺の近世遺跡

洋砲術に関するモルチール砲の鋳型など、本遺跡独自の資料も発見され、話題となった。

興善町遺跡　万才町遺跡とともに、旧六カ町に位置する遺跡で、一九九〇年に行われた江戸時代の豪商八尾宅跡の調査が有名である。出島築造以前に該当する近世初期の中国産陶磁器がまとまって出土した他、当時の貿易商人の豊かさを示す数々の資料が発見された。わずかながら、中世末期に比定される五輪塔や青磁碗などの出土もみられた。

勝山町遺跡　二〇〇〇〜二〇〇一年に行われた旧勝山小学校（現在の桜町小学校）の建替えにともなう発掘調査が成果の中心となる。当該地には、サント・ドミンゴ教会が建てられ、その破却後には朱印船貿易家末次平蔵、初代長崎代官村山等安が領有し、以後長崎代官高木家が代々引き継いだ土地である。発掘調査の結果、各期の遺構が確認され、とくにサント・ドミンゴ教会ゆかりの遺構や大量の花十字紋瓦の出土が特筆すべき事項として挙げられる。現在、遺構の一部の展示、公開を行っている。

長崎奉行所立山役所跡　二〇〇二〜二〇〇三年、長崎歴史文化博物館建設事業にともない、大規模な発掘調査が行われた。奉行所時代の石垣や堀等、大型遺構の検出や、初源期の長崎ガラスの発見など、話題の多い遺跡である。現在、往時の石垣の一部は残され、奉行所の復元に利用、一般に公開されている。

（二）丘陵上の遺跡

徳見宅跡　台地の頂上平坦部に位置する興善町遺跡から、低地に向かって下がった丘陵斜面に位置する遺跡である。斜面地は早くから土地の切土、盛土により、帯状に整備されている。現在も、丘陵部を散策すると高石垣が随所にみられ、古くから造成によって整地され、営まれてきた歴史ある空間であることがわかる。

丘陵東側に位置する本遺跡は、江戸期の商人徳見宅跡で、一九九一年の発掘調査では江戸時代の商人の暮らしぶりを示す数々の資料が出土した。遺構の残りも良好で、長崎の町屋の典型例ともいえる礎石構造が面的に検出されている。

金屋町遺跡　丘陵西側に位置する遺跡で、二〇〇〇年に発掘調査が行われた。江戸時代の典型的な町屋で、一六三六（寛永十三）年の火災時の整理坑として廃絶された地下室遺構や盛土による整地面が検出された。特筆すべきは、十六世紀末から十七世紀初頭の貿易陶磁の大量出土で、ベトナム系陶磁器や中国産陶磁器がまとまって出土した。往時の海外との貿易の内容や長崎市中との深い関連が示唆される遺跡である。

（三）長崎港近辺の遺跡

五島町遺跡　往時は長崎港の海岸に面した遺跡で、二〇〇〇年の発掘調査によって、一三列の石垣が検出された。これらの石垣は、度重なる護岸拡張の経緯を示し、時代ごとの変遷をとらえることができる。出島の護岸石垣とも、工法、使用石材など比較する必要がある遺跡であり、往時の港の拡張の歴史がわかる。本地点には、深堀藩蔵屋敷があった。

対馬藩蔵屋敷跡　一九九二年に発掘調査が行われ、往時の護岸石垣の一部が確認された。小規模な調査ではあったが、出島の対岸地に当たるため、出島にとっては重要な遺跡の一つである。五島町遺跡と同様に海岸部に近接する立地で、海運を利用して物資の運搬を行うため、諸藩の蔵屋敷が設けられていた例である。

(四) 中島川沿いの遺跡

現在も市中を流れ、長崎の町のシンボルともいえる中島川は、江戸時代に幾度も見舞われた水害による橋の流出時に、その時々の有力者が橋を架け替えたことが知られ、当時から長崎町民にとって身近な河川であったことがうかがえる。この流域に広がる町々は標高が低く、低地遺跡と位置づけられる。このため、発掘調査時にはたくさんの木製品が出土し、台地の遺跡からは読み取れないさまざまな情報を私たちに提示してくれる。

栄町遺跡　数地点の発掘調査の報告がなされており、いずれも木製品の出土例が多く、長崎町民の一般的な暮らしぶりをうかがうことができる。長崎開港当初の十六世紀末から十七世紀代までの貿易陶磁の出土例は比較的少ない傾向にあるが、その後の十八～十九世紀前半の量産された肥前磁器の出土状況から、町屋での生活の様子がわかる。

磨屋町遺跡　一九九七年に旧磨屋町小学校建て替え工事にともなう大規模な発掘調査が行われた。本地点は町年寄薬師寺家の旧宅跡で、広大な敷地を有していた。やはり低湿地の遺跡であるため、屋敷にともなう基礎遺構には、基礎となる木杭の立て込みが一部で確認され、木製品の出土も顕著であった。全面的に検出された近世屋敷跡の下部に、縄文時代後～晩期を中心とする遺物包含層の分布も広範に見られた。

(五) 唐人屋敷と新地荷蔵跡

唐人屋敷　一六八九（元禄二）年、市中に雑居していた中国人を集め、収容した施設である。中国貿易の拠点として、出島と比較されることが多いが、具体的には面積が約九四〇〇坪で、出島の約二倍、貿易額は定高仕法が施行さ

図82 唐人屋敷跡の壺列遺構

れた一六八五（貞享二）年を例にとれば銀六〇〇〇貫目で、これも出島の約二倍である。出島に遅れること五三年後に、密貿易の禁止と混血児が増加することへの対策としてつくられた。

唐人屋敷は、小規模な確認調査を除いては、一九九六～七年および一九九九年に本格的な発掘調査が行われている。とくに一九九六～七年の調査では、唐人屋敷の南東部付近が広範囲に発掘され、大型の掘や壺を逆さまに埋め並べた遺構が検出された。また、中国陶磁器が多数出土し、実際に中国人が館内で用いていた食器類や調理用具、貯蔵用具が明らかにされた。

これらの調査結果と出島出土の中国陶磁器の内容を比較すると、磁器そのものが取引の対象となる景徳鎮窯の磁器については、構成が異なることがわかり、西洋での需要を意識したオランダ商館における取扱商品が浮き彫りになる。これに反し、内容物を必要とした貯蔵用具については、同種の容器の出土がみられ、とくに十九世紀中頃にはその傾向が強い。

新地唐人荷蔵跡

火災時の貿易品への延焼を防ぐため、一七〇二（元禄十五）年に海を埋立て、人工的につくられた島である。その築造方法や担った役割など、出島との類似点が多く、重要な遺跡の一つである。

一九九四年に行われた発掘調査では、敷地の一部とそれに連続する往時の護岸石垣の一部が検出された。検出された石垣は砂岩系の石材が使用され、布目状に積まれていたことが報告されている。まだ一部のみの調査成果であるため、この様相が護岸石垣全体を表すとはいえないが、出島の石垣研究、築造研究とあわせて、興味深い遺跡である。

（六）近世遺跡からみた長崎の特性

以上のように、主要遺跡の性格を挙げるだけでも、長崎市中において、その立地に応じた機能分化が行われていたことがうかがえる。同地点であっても、出島築造以前においては、市中に貿易商人が雑居し、キリスト教の教会が次々と建設され、海外の文物を受容していたため、花十字紋瓦の大量出土や、メダイの発見、中国、東南アジアの陶磁器の出土など貿易港長崎の色合いがより強く感じられる。出島築造後となる十七世紀後半以降については、長崎の町人文化が発展し、中国貿易、オランダ貿易を行うなかで入手した文物が混在するなど長崎らしさが際だつ傾向にある。

その後は、前時代を踏襲するなかで、日本全国での物や人の流れが整備され、江戸や関西の文化に触れる機会が増え、それにまつわる品々が出土する。大都市から流入するばかりでなく、当時日本国内において先進地域であった長崎には、地方から人が集まり、長崎の文化、文物を持ち帰ったことによる長崎からの発信もあった。幕末になると、社会情勢の変化により、オランダ商館員の軍事技術、医学、科学等における専門的な知識が必要とされ、長崎の市中に教育機関が設置されるようになり、オランダ商館員の足掛かりとなる場所ができる。さらに、西洋の文物が日本国内で求められるようになり、市中におけるヨーロッパの製品の出土例が増加する傾向がある。

すべての基盤となる長崎市中の近世遺跡の調査が整理されるなかで、建築技術、土木技術、貿易品、商館員の生活物資等々、出島の特異性と市中となんら変わらない部分が比較検討でき、ようやくその分析の途につくものと思われる。

3 他都市のオランダ商館との比較研究

出島の発掘調査を比較研究する上で、重要な遺跡が他のオランダ商館であることはいうまでもない。ただし、国ごとに商館が設置された際の歴史的経緯、気候、商館員と在地人の関係、宗教・文化の違いなど、さまざまな事柄が異なるため、比較検討も容易にはいかない。

気候の違いによる住環境の相違は、建築様式や使用された建材に影響を与え、商館が設置された場所と周辺の環境については、その土地の権力者とオランダ側の関係をうかがい知ることができる。また、取り扱われた貿易品の数々から、その土地の産物がわかり、さらに不足し必要とされた物がわかる。

このため、最近では、他都市の商館との比較研究により、その特徴を浮き彫りにすることによって、その商館所在地ひいてはその国の権力構造、外国人に対する考え方、宗教観、当時の国内産物と必要とされたものからうかがえる嗜好など、その国のあり方が見えてくるといわれている。

実際に出島の発掘調査を担当するなかで、「オランダ人の生活を明らかにしても、日本には何も関係ないのでは」、「出島は日本のなかの異国だから、同じ土俵では論じられない」などという見解を示されたこともあったが、前述の点に着目するならば、ある意味では、この島のなかに凝縮された日本が見えてくると考えることもできる。そこが出島の発掘調査の醍醐味であるといえよう。

そのようななか、実際に発掘調査が行われ、整備が行われている商館遺跡が、近年増加している。筆者が知るかぎりの情報を以下に記す。

まず最初に、同じ国内の長崎県平戸市、平戸オランダ商館跡が挙げられる。

本遺跡の発掘調査は長年に渡って実施され、大きな成果が挙がっている。一六一八年に建設された商館建物の調査、一六三九年築造の大型石造倉庫の調査、オランダ商館が立地する護岸石垣の確認調査により、それぞれの遺構の主体部が検出され、報告されている。これらの成果にもとづき、現在、石造倉庫復元の検討が行われ、建築設計に着手している。ちょうど二〇〇八年は日蘭修好通商条約一五〇周年、二〇〇九年が日蘭貿易四〇〇周年にあたることから、この両年が日本オランダ年と位置づけられている。節目となる年の商館復元に向けて、注目が集まっている。

次に、日本に近い商館として、台湾があげられる。台湾には、一六二四（寛永元）年に商館が建設され、東アジアにおけるオランダ商館の拠点とされたことが知られている。近年、台湾大学によるゼーランディア城の発掘調査が行われ、商館建物の基礎遺構が確認されている。報告書を入手していないため詳細は不明であるが、これを機に今後の展開が期待される。

中国、広州では、往時の外国人居留地であった一三行には、現在商館に関連する建物はまったく見られず、その周辺に往時の寺院や塔など絵画に描かれた古建築が残るのみである。商館跡地の発掘調査や整備は計画されていないが、近年、広州、マカオと長崎を例に港町の比較研究が日本、中国、オランダの研究者らによって行われている。同じ尺度で東アジアの貿易拠点を測る試みは、長崎・出島の様相を浮き彫りにするものと期待される。

次に東南アジアの各都市を紹介する。

タイのアユタヤには、一六〇八（慶長十三）年にオランダ商館が設置された。この地域では、国家レベルでの精力的な商館跡地の発掘調査が行われている。二〇〇六年に平戸市が主催したシンポジウムでは、タイ研究者による報告が行われた。その内容は、商館関連の建物礎石、煉瓦積みの壁面、肥前磁器やクレーパイプの出土など、出島の出土資料と類似する内容で、興味深いものであった。商館跡地の整備も計画されているため、今後に注目したい。仏教国で、たくさんの仏像がつくられているが、日本から輸出された棹銅もこれらの仏像の材料になったといわれている。

ベトナムでは一六三八（寛永十五）年にトンキンに商館が開かれた。ベトナム中部の港町ホイアンでは、昭和女子大学によるホイアン遺跡の継続的な発掘調査が実施され成果が蓄積されてきた。アユタヤと同じく歴史の古い街であり、十七世紀には、日本人町が形成された縁の深い地域である。長崎市中の遺跡から出島築造以前の初期の海外貿易によるベトナム陶磁が出土し、かかわり深い地域であることがうかがえる。長崎の朱印船貿易家荒木宗太郎がベトナム人の女性を娶ったことも、長崎では有名な史実として伝えられる。

インドネシアでは、オランダ貿易の拠点であったジャカルタ、往時のバタビアが最初に挙げられる。ジャカルタには、現在もわずかながらオランダ商館関連施設が現存する。江戸時代の商館建物が残らず、復元に頼っている出島にとっては、羨ましいかぎりである。残っている建物は、オランダ東インド会社物見台や会社倉庫（現在は海洋博物館）が知られている。インドネシア博物館に

図83　ジャカルタ海事博物館（右）とオランダ東インド会社の物見台（左）

は、往時のオランダ商館が取引きした数々の資料が残されており、日本関連の資料は肥前磁器が主体である。

　このほかに、インドネシア中央文書館には、膨大なオランダ東インド会社関連の古文書が収蔵されていると聞く。当時は、出島に赴任したオランダ商館長の任命権は、バタビア総督がもっていた。このため、バタビアと出島の往復書簡も多数存在する。未調査のインドネシアに残る史料から、出島の史実に関する新たな知見が発見される余地は非常に高いといわれている。

　ジャカルタ以外にも、オランダ東インド会社の貿易拠点として、マラッカ、バレンパン、アチェーなどマライ半島、スマトラ島、ジャワ島の各所の都市が挙げられるが、ここでは、ジャワ島の西端に位置するバンテン遺跡を紹介する。このバンテン遺跡は、十七世紀にバンテン王国が栄えた場所で、東インド会社の社員が、貿易のため多数入植した地域であった。この遺跡の発掘調査および出土遺物の分類、鑑定作業が、日本人研究者らの手により、数年来なされている。大橋康二など国内の考古学者、陶磁器研究者らが中心となり、現地に赴き、調査研究がなされている。

　このように、東南アジアにおいては、日本人研

図84　VOC本社跡（右上）とザウダーゼ海博物館（右下）とウエスト・フリース博物館（左）

究者らによる発掘調査が行われ、日本の先進的な調査手法により多くの成果が挙がっている。

このほか、インドやイラン、南アフリカにも東インド会社の大きな拠点地域があるが、現状では発掘調査・整備に関する具体的な情報がない。

本国オランダでは、東インド会社に出資した六都市（アムステルダム、ロッテルダム、ホールン、エンクハイゼン、ゼーランド、デルフト）にそれぞれ東インド会社関連施設が現存する。

アムステルダムには、今でもＶＯＣの本社が残り、現在はアムステルダム大学として使われている。港には海洋博物館と復元されたアムステルダム号がみられ、往時の町並みと港の風景に、貿易港として賑わった頃の面影が残る。ホールンでは、マルクト広場周辺に計量所やＶＯＣの施設がみられ、往時の倉庫や港には物見台が残っている。エンクハイゼンにもＶＯＣの倉庫や事務所が残り、これらの施設は現在ゾイデル海博物館として往時の町並みがそのまま保存公開され、海に暮らす人びとの営みがわかる展示空間となっている。このほか、ゼーランド（ミデルブルフ）やデルフトにも往時の建造物が現存し、いかにオランダが新旧混在した国であるかがうかがえる。発掘調査は、アムステルダム考古局を中心に行われており、肥前磁器、中国磁器など、出島出土遺物と同様の資料が多くみられ、あらためて出島を経由した輸出品が当地にたどり着いたことがわかる。

文書史料は、デン・ハーグ中央文書館に膨大な量の東インド会社関連史料が収蔵されている。多くの日本人蘭学研究者らも足を運ぶこの施設にも、まだまだ未解読の史料が多く残されていると聞く。現在も新研究が行われている場所である。

これらの商館をテーマに比較研究を行った例としては、一九九六年に江戸東京博物館で行われた「掘り出された都市展」が挙げられる。江戸、長崎そしてアムステルダムがテーマであったが、この企画展によって、長崎とアムステルダムという貿易港の発掘資料による総合的な比較が行われた。また、日蘭修好四〇〇周年となった二〇〇〇年には、日本とオランダを結ぶ、数々の企画展やシンポジウムが博物館施設や大学等研究機関、学会などで行われたことは記憶に新しい。

近年は港町に着眼した数種の比較研究が行われている。前述の日本、オランダ両国を中心としたものではなく、アジア全域を対称としたもので、その内容は広がりと深みをもつといえよう。

なお、長崎出島は近年、韓国の研究者や報道機関から注目を浴びていることを付記しておきたい。同時期に鎖国を行っていたアジアの隣国におけるその後の近代化の受容と発展のなかで、鎖国下の日本における出島の果たした役割の重要性が韓国において問われているためである。

4　問題点と現れた成果

ポルトガル時代の出島

Ｖ章にて、膨大な出島関連資料を紹介したが、それとは逆に、現状その実態がつかめていない初期の出島像について触れたい。

これまでに行った発掘調査では、オランダ商館時代である十七世紀後半から十九世紀中頃までの出島の様相は、ものの多少はあるものの、遺構、遺物から情報を得ているといえる。これに比して、空白なのが、出島築造最初期のポルトガル時代の出島である。一六三六（寛永十三）年に竣工し、その後出島を退去するまでのわずか二年あまりのことであるが、その足跡については、ほとんど掴めていないといえるだろう。

生活空間としては、無人となった出島に入居してきたオランダ人が家屋などの一部をそのまま使用したことが推測されるため、隔期は希薄な可能性もある。平戸オランダ商館の記録では、出島入居時に平戸時代に使用していた石材（基礎）の一部を出島に持ち込んだと伝えられるため、大がかりではないにしても、住み慣れた場所から新天地への移動に際し、必要とされる物資を搬入し、土木工事、建築工事を一部行った可能性がある。

生活の様相としては、むしろ長崎市中に散宿していた際の発掘調査成果によるところが大きいと思われる。いずれにせよ、出島築造の実態とともに、初期の出島像に迫ることはつねに念頭に置くべき課題である。

各種資料との融合

前項にて記述したとおり、出島について記された各種の膨大な絵画、文献史料がある。発掘調査を行い、さまざまな遺構を検出し、その用途、性格について検討するにあたり、これらの資料から大いに解釈のヒントを得ることができた。ヒントどころか、絵画に描かれているそのままの遺構を、地中から発見することができた例もある。

本項では、それらの資料との融合の観点において、特徴的な遺構、遺物につき紹介する。

まず挙げたいのは、一連のアマカワ遺構である。アマカワはオレンジ色の粘土に石灰を混ぜたもので、長崎では一般的に江戸時代から近代まで広く使用された。家屋では、土間の仕上げや竈、便槽（瓶）の固定と仕上げに用いたり、建築材の接合部分に漆喰変わりに使用したりする。また、石橋の石の連結部や目地、練塀にも使用される。出島でも、このアマカワ材が多用されていた。とくに目を引くのが、カピタン部屋横から検出した用水池である。この池は絵画資料のなかにも描かれていて、寛政の大火以降、火事の際の火災用貯水池の役目を果たしている。絵画では長方形のプランに四間×一間半と記されているのみであるが、実際の調査でこれとまったく同じ大きさのアマカワ遺構が同地点から見つかった。そこで、この用水池を観察すると、さらに内部に四角形の桝があり、下に降りる階段も取り付けられている。絵画に描かれたものと同じ池、そしてさらに詳細な構造が発掘調査によってわかった例である。

同様に水まわりの施設としてV字状の堀とそのなかを通る管の痕が挙げられる。これまで地点ごとにまとまった建築遺構の検出例はあったが、地点をまたがり、出島中を巡ることを意識させる大型の遺構はこの堀が初めてであった。出島の版画などで知られていた竹樋がすぐに思い起こされた。実際に、絵画資料では四角い方形の水溜が描かれていたが、上部の方形石組が想定されるのみで、本当の意味で水の供給に関する理解はできていなかった。その問題に答えを与えてくれたのが、この溝と管の痕である。以前より出島内部には木樋を用いた水道が布設されているということが指摘されていたが、これがまさにその遺構なのである。土中に埋められている遺跡の大きな可能性をあらためて思い知らされた。

思いがけないものとして、やはり水銀の出土が挙げられる。その後の対応について、水銀出土の意義について考えるときに、たいへん悩ましい遺物であった。文献上で、水銀が輸入品の一つであることはあらゆる書物で紹介されているが、砂糖や生糸、織物類、またその他の高級品と比較して、それほど光があたったことも、取りざたされたこともない。それが、調査によって出土したことにより、医療分野での利用、日本の工芸品のなかに水銀が使用されたこと、また出島内でのなんらかの作業の可能性など、あらゆる角度から再考することができた。また、水銀の産地の調査によっても、ヨーロッパおよびアジアでの流通経路について一考することができる。

絵画資料と比較するなかで紹介したい他の出土遺物に、火を受けたシェル・エッジがある。これは、蛮館図、蛮酋飲宴図のなかに描かれているテーブル上に置かれた皿に酷似しているものである。真っ白い皿で縁の部分にのみ青い縁取りがみえる皿、これが出土したシェル・エッジを指すと指摘されている。この図は、寛政の大火前のカピタン部屋を描いた絵画と伝えられ、シェル・エッジはイギリス製で十八世紀後半から焼成され始めた資料であるため年代は合致する。そしてその一部の火災痕がまさに寛政の大火の痕跡を指しているのである。これは、シェル・エッジの鑑定を行った岡泰正によって指摘された成果である。出島の食卓を飾ったテーブル・ウェアについては、年代ごとに変遷することが推測されるが、十八世紀後半のあるときの風景は、確実に甦った。

出島からは、思いのほか、植木鉢が大量に出土する。いずれも豪華なものではなく、九州で生産される陶器製の鉢で、大小さまざまなタイプがある。この用途についても検討する必要があるが、植木鉢で何を育てていたのかも気になるところである。出島のなかには菜園や庭園があるが、それは東側の地区に偏っているため、実際の居住空間である西側の敷地内で植木を楽しんでいたのであろう。大小の鉢のタイプから、置き場所も室内、室外ともに考えられる。あらためて蘭館図絵巻などを見直してみると、窓際に小さな鉢、建物の外に大きな鉢が描かれている。現在でもオランダ人には園芸愛好家が多いというが、往時の出島でも、そのような状況であったのであろうか。

出島と海

発掘調査の実施にあたり、調査に影響を与えたのが、この海に近い立地であった。護岸石垣の調査では、否応なく潮の干満に合わせた調査スケジュールが強いられるし、敷地内の調査であっても、土坑が深くなれば水の影響を受けることがあった。高潮注意報が出ているときには、中島川をのぞき込み、水位を確認したりもした。陸上にいるときでさえ、川面をのぞけば汽水域で魚が泳ぎ、フナムシが石垣付近をざわざわと動いている姿をみると、海が近くにあるということを意識してしまうのである。この感覚は、現在のような埋立てが行われる以前、本当に海に突き出した島であった時代には、非常に強く、あらゆる場面で意識されたと考える。

具体的には、台風などの自然災害による精神的な苦痛や、塀や石垣、建物の破損という物理的な問題が挙げられる。このような逃げ場のない空間で日々を過ごすことができたのは、まさにオランダ人だからであったのだろう。狭い船内で長い船旅をし、大海で嵐にあった経験を有した人びとであったからこそ、狭い出島も台風の恐怖も乗り切ることができたのであろう。そう考えると、まるで出島が繋留された帆船のようにも思えてくる。

現在、施設の公開を行うなかで、維持管理上の問題の一つとして湿気対策がある。保存公開された遺構をみてみると、下から上がってくる水気、建物の側面から建物内部に入り込んでくる湿気がある。これらについても、往時も同様に貿易品を守るための対策、少しでも快適に暮らすための工夫がされていたと思われる。居住空間では、商館員らは二階に住んでいたことがわかっているが、建物の基礎構造のレベルで湿気と関連付けられる事柄が土中に敷かれた珊瑚層の存在である。未だに結論づけられていないが、散布が確認された建物棟数は増えており、意図的に施工されたことは間違いない。珊瑚の特徴を掴み、南方での使用例を踏まえ、さらに住環境に関する研究を深めたい。出島の夏の気候条件を考えれば、その答えは東南アジア各都市の類似の商館施設にあると思われる。また、出島の冬の生活については、本国オランダを含むヨーロッパでの生活習慣が参考になると思われる。

5　成果の還元

復元整備

出島の発掘調査の内容を検討し、その成果について理解を深め、具体的に目に見える形でその後の復元整備を行うということは、非常に困難な作業であった。

一基の石、一個の陶片について、いくつかの解釈がある場合においても、具現化するためには諸説のなかから取捨選択をしなければいけないからである。その選択の積み重ねによって今の復元整備された出島があるわけで、選択いかんによっては現在の出島とはまったく違う出島像も存在するであろう。この復元にいたる作業経過のなかで、短期間に多くの情報を整理することができたのは、長崎市に整備に取り組む姿勢があり、具体的な諸先生方のご教授があったことによる。また、建築、土木担当の諸機関との密な連携によって、輻輳する諸工事の調整がつき、現在の出島の復元整備がなされている。

施設の活用と公開

現在、出島には年間約四〇万人の見学者が訪れている。これまでの整備の過程で、完成した復元建物一〇棟と明治期などの既存建物を活用した施設五棟を一般に公開している。二〇〇六年には長崎さるく博が開催され、出島も、グラバー園と並び、拠点会場の一つとして賑わいを見せた。

実際に、発掘調査成果を空間再現展示のなかにどのように活かすかということは、きわめてむずかしい問題であった。出土遺物は、間違いなくそこに住む人びとに関連する資料であるが、誰が、いつ、どのような目的で、ということを突き詰めていくと、年代幅、使用した人物像、用途にさまざまな可能性が見えてきてしまうからである。空間の再現において、ある日、あるときの情景というふうに限定してしまうには、あまりにも発掘資料は多岐に富んでおり、この展示空間のカテゴリーから飛び出してしまうものが多いのである。「どこかでなんらかの用途に使用された」というのは、オランダ商館がもつ多様性を示すものであり、人類の生活の多様性をも示している。近世という時代が、いかに多くの品々を生み出し、その消費が行われていたかを思うと、非常に現代に近い印象を受ける。

また、イスやテーブル、机などの家具や絵画とその額など、発掘資料で見かけないものがいかに多いかということもあわせて痛感することの一つである。とくに日本は、木の文化が確立しているため、生活空間を思い描く際に、発掘資料からでは補いきれない部分があった。

そのようななか、この展示空間のカテゴリーに収まった品々もある。たとえばカピタン部屋の大広間、宴会の食卓の風景で用いられた食器は十九世紀前半の西洋銅版転写陶器である。またガラス器もワイングラスなどのレベルを考える際に出土資料の類似品をもって決定した。クレーパイプなども、十九世紀前半の形式のものを入手した。

再現する空間が、カピタン部屋大広間ではなく、また十九世紀前半以外の時期であっても、同じように出土遺物からあらゆるシーン、あらゆる構成が検討できるのである。

この点については、現在出島のなかの施設、旧石倉（考古館）にて、出土資料の系統立てた展示を行い、一般に公開している。また、その構造や成果がわかりづらい石垣の調査と修復工事の内容についても、同館の二階にて紹介している。

やはり、発掘成果は出島のさまざまな場面を切り取ったものであり、その組成には充分留意し、今後も広がりが期待される出島のなかにおける展示空間において、活用を行っていきたい。

Ⅶ　これからの整備と課題

1　学びの場と観光

出島が世界的に貴重な歴史遺産であるという認識のもとですすめられる出島の復元整備事業は、長崎市にとってまちづくりの重要な核となる事業である。本事業に着手する以前と現在では出島の景観は驚くほど変貌している。二〇〇六年四月のリニューアル以来、多くの見学者を迎えるなか、この場所が学びの場であるということと、観光地であるということを意識する。

現在、小学校高学年の児童は歴史の授業で出島を知り、近隣県からは多くの修学旅行生も見学に来ている。かれらは教科書や図録で見たことのある屏風に描かれた出島のイメージをもち、まさに海に浮かぶ島を求めてここにやってくる。そういった子どもたちに対し、発掘調査によって出土した遺物や復元された建物に実際に触れ、往時のイメージをさらに増幅させることは、ここ出島でしか体験できないことである。それにより、輻輳する各国の歴史と、そのなかにおける日本の位置付けを知ることで、さらに歴史観が広がっていくだろう。

そうした歴史への興味を喚起し、知ることへのスタートを切るために必要な仕掛けが、出島には必要である。これは、ある部分では観光客が期待する西洋的なイメージであったり、時には期待を裏切る和の空間やアジア的な空気感であったりする。これらのイメージが混在する場所が、まさに多国籍な空間、出島なのである。この空気感は日本国内のほかの場所には見出せない唯一のものである。

実際に出島を運営し、施設の維持管理を行うには、相当の費用が必要であるが、この他にはない場所であることを目に見える形で打ち出し、そして考えさせる次の段階に進むことで、次世代を担う子どもたちの教育の場としての出島と観光地である出島は共存できると考える。

2　ふたたび国際交流の舞台へ

出島の遺跡の価値を計る際、往時の世界情勢と日本国内の情勢、この二つをあわせて検討する必要がある。オランダを中心とした世界各国の動きに影響を受けながら出島の商館は運営されていた。往時の世界情勢が正しく日本側に伝わっていたかどうかは別にしても、この小さな窓口が存在したことにより、新しい時代、明治を迎えるにあたり、近代化の素地が日本国内にできていたということが近年盛んに言われている。これらは、小さな島の出島が、物質的にも学術的にもさまざまなものをもたらしたことによる。この点こそ、出島の遺跡の価値が最大限に評価される点と考える。

現代においても本事業の過程のなかで、この地

図85 さるくガイド

図86 出島入場者50万人記念式典

を基点としたさまざまな交流が行われ、その成果が復元整備事業に結集した。ものづくりの過程で、学術的な考察、伝統的な技術の継承が行われ、完成された出島を軸にまた新たな交流が生まれた。具体的には、日本国内に残された建築、土木の伝統技術を復元整備のなかで生かすことによる技術の伝承が行われた。また、国際的には、オランダを中心とする復元整備事業に対する理解と協力によって、新たな学術的な交流がなされ、その成果が建造物の復元や再現展示において活かされている。

そして、今度はこの完成した出島を基点に、市民による出島という史跡の再発見行為が行われるようになればと考える。現在、出島には毎日四人の長崎さるくガイドが常駐し、観光客や修学旅行生に、出島や長崎の歴史、文化について、ガイドを行っている。もともと異文化を受容する気質が高い長崎人は、もてなしの心が強く、知識欲もあり、ガイドはみな非常に熱心である。出島は、ともすれば国内外の人びとが訪れるだけの観光地となってしまう危険性をもった場所でもあり、長崎人であるガイドを中心とした人と人との交流の場所でありつづけることが、出島にとって非常に重要なことであると考える。そして、以前の役割の一部を踏襲し、さらに国際交流の地へと成長していくことが、出島に課せられた課題の一つといえよう。

3　遺跡ネットワーク

前述したとおり、海外には、アジアを中心にオランダ東インド会社の拠点地域があり、それぞれの国で、発掘調査や整備事業が始まったところである。これらの拠点地域と連携することが、海外貿易港長崎の存在を浮かび上がらせることにつながる。また、他都市の発掘成果と出島の発掘成果を照らし合わせることによって、国内に類例のない商館遺跡の実体を解明することができる。このため、世界規模での遺跡間の連携を行うことが出島にとって重要な課題となる。

また、日本国内の近世遺跡については、貿易品が出島という経由地を介して消費地であった各遺跡に運ばれたこと、各地方の産物（鉱物資源・磁器・漆器・樟脳・海産物など）が出島に集められ、日本の商品として海外で取引きされた点において、本遺跡との関連が見えてくる。往時の国内の各都市が出島を通じて間接的に海外とのつながりがあったことを考えると、『開かれた鎖国』という片桐一男の著書の表題が思い起こされるのである。

そして、身近な長崎市内へ目を向けると、出島が築造される契機となり、出島を支え、繁栄した「長崎」という町が、より重要な地域としてとらえられる。出島を基点に、キリスト教との関係、唐人貿易、貿易商人や日本人役人など、さまざまなキーワードを設定し長崎市中の近世遺跡群について検討を行う必要がある。

これらの遺跡間の連携が行われることが、今後の出島の展望につながり、長崎市の貴重な遺産を守り、活用していくことになる。

長崎出島

問い合せ　〒850-0862　長崎市出島町６番１号　出島総合案内所
　　　　　TEL & FAX 095-821-7200
　　　　　http://www1. city. nagasaki. nagasaki. jp/dejima/

開場時間　8：00～18：00（年中無休）※最終入場は閉場の20分前

入 場 料　個人　一般500円　高校生200円　小・中学生100円
　　　　　団体　一般400円　高校生120円　小・中学生60円
　　　　　　※団体は15人以上

交　　通　路面電車　長崎駅前から「正覚寺下行き」に乗車し、出島で下車、徒歩すぐ（築町で下車、徒歩１分）
　　　　　路線バス　長崎駅前南口から「新地ターミナル行き」に乗車し、長崎新地ターミナルで下車、徒歩５分
　　　　　らんらんバス　長崎駅前から乗車し、出島ワーフで下車、徒歩３分
　　　　　自 動 車　ＪＲ長崎駅から約６分（長崎自動車道長崎ＩＣ・ながさき出島道路から約１分）
　　　　　　※駐車場は付近の民間駐車場を利用

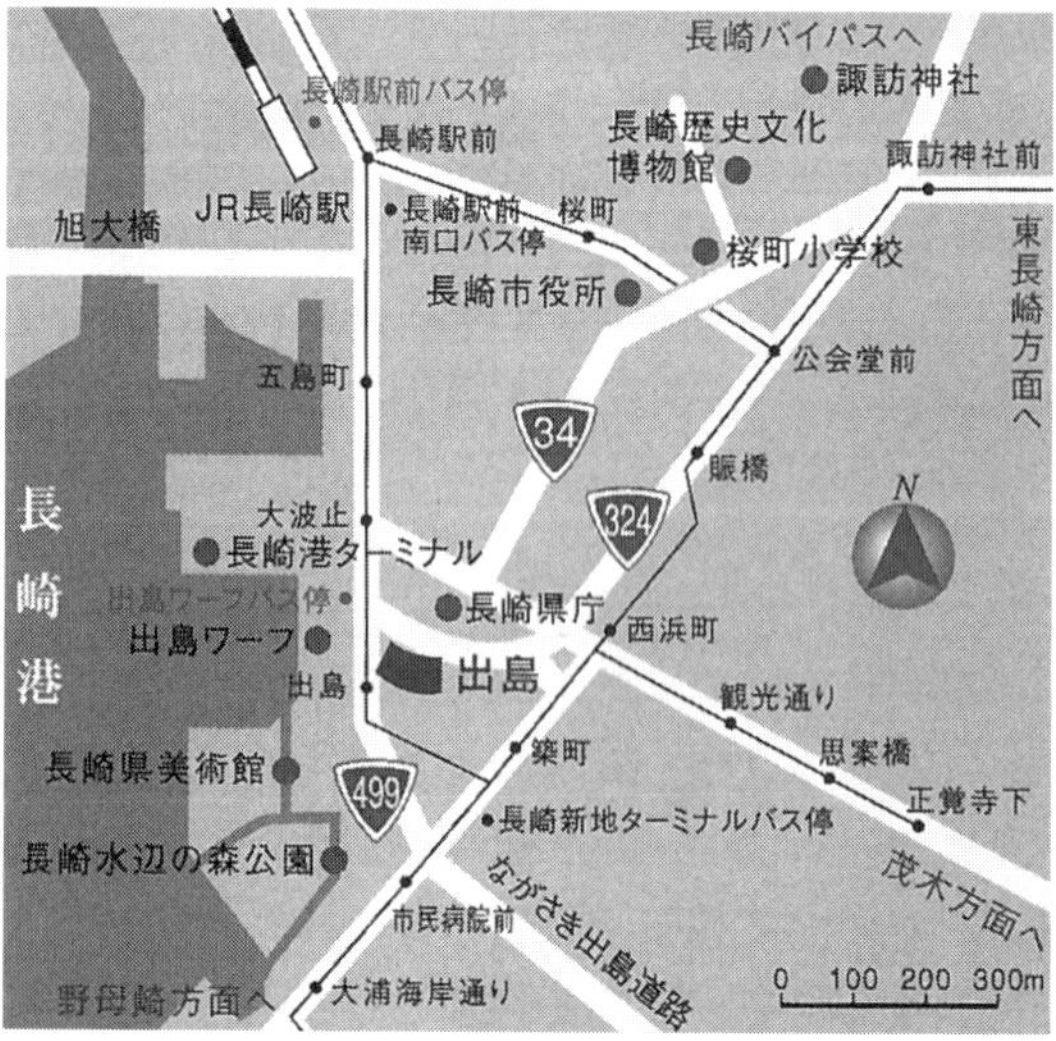

参考文献

江戸遺跡研究会編　二〇〇一　『図説　江戸考古学研究事典』 柏書房
扇浦正義　一九九六　『新地唐人荷蔵跡』 長崎市埋蔵文化財調査協議会
扇浦正義　二〇〇一　『五島町遺跡』 長崎市埋蔵文化財調査協議会
扇浦正義　二〇〇三　『勝山町遺跡』 長崎市教育委員会
扇浦正義　二〇〇三　『唐人屋敷跡』 長崎市教育委員会
岡泰正　二〇〇四　『長崎びいどろ』 ろうきんブックレット一五
片桐一男　一九九七　『開かされた鎖国―長崎出島の人・物・情報』
片桐一男　二〇〇〇　『出島―異文化交流の舞台』
金井圓　一九九三　『近世日本とオランダ』
川口洋平ほか　二〇〇五　『出島』 長崎県文化財調査報告書第一八四集　長崎県教育委員会
川口洋平ほか　二〇〇五　『長崎奉行所立山役所跡・岩原目付屋敷跡・炉粕町遺跡』 長崎県教育委員会
古賀朋緒　二〇〇〇　『国指定史跡　出島和蘭商館跡　西側建造物復元事業に伴う発掘調査報告書』 長崎市教育委員会
古賀朋緒・高田美由紀　二〇〇一　『国史跡史跡　出島和蘭商館跡　護岸石垣復元事業に伴う発掘調査報告書』 長崎市教育委員会
(財) 日蘭学会編　一九八九～一九九九　『長崎オランダ商館日記』 一～十
佐賀県立九州陶磁文化館　一九九三　『世界の染付』 展
佐賀県立九州陶磁文化館　一九九五　『柴田コレクションⅣ―古伊万里様式の成立と展開』
佐賀県立九州陶磁文化館　一九九九　『柿右衛門―その様式の全容―』

佐賀県立九州陶磁文化館　二〇〇〇『古伊万里の道』
高田美由紀　二〇〇二『国指定史跡　出島和蘭商館跡　道路及びカピタン別荘跡発掘調査報告書』長崎市教育委員会
高田美由紀　二〇〇二『金屋町遺跡』長崎市埋蔵文化財調査協議会
東京都江戸東京博物館　一九九六「掘り出された都市―江戸・長崎・アムステルダム・ロンドン・ニューヨーク」
長崎県教育委員会編　二〇〇〇『長崎とオランダ―近代日本への歩み―』新訂版
長崎県立美術博物館他編　一九九九『海を渡った陶磁器展―景徳鎮・伊万里・デルフト』
長崎市教育委員会　一九九五『長崎古写真集―居留地篇―』
長崎市教育委員会　二〇〇一『国指定史跡「出島和蘭商館跡」西側五棟建造物復元報告書』
長崎市出島史跡整備審議会編　一九八七『出島図』中央公論美術出版
長崎市立博物館　二〇〇〇『大出島展』
ながさき・出島「古写真の世界」展実行委員会編　二〇〇〇『ながさき・出島「古写真の世界」展』
永松実　一九八六『国指定史跡　出島和蘭商館跡　範囲確認調査報告書』長崎市教育委員会
永松実　一九九二『長崎家庭裁判所敷地埋蔵文化財発掘調査報告書』長崎市教育委員会
永松実　一九九三『栄町遺跡』長崎市埋蔵文化財調査協議会
永松実編　一九九三『長崎出島の食文化』
永松実　一九九八『興善町遺跡』長崎市教育委員会
西和夫　二〇〇四『長崎出島オランダ異国事情』
西和夫編　二〇〇四『長崎出島ルネサンス　復原オランダ商館』
萩原博文ほか　一九八九『平戸和蘭商館跡の発掘Ⅱ』平戸市教育委員会
萩原博文・加藤有重　一九九二『平戸和蘭商館跡の発掘Ⅲ』平戸市教育委員会

萩原博文・加藤有重　一九九三　『平戸和蘭商館跡の発掘Ⅳ』平戸市教育委員会
萩原博文・加藤有重　一九九四　『平戸和蘭商館跡の発掘Ⅴ』平戸市教育委員会
萩原博文　二〇〇三　『平戸オランダ商館』
羽田正　二〇〇七　『東インド会社とアジアの海』興亡の世界史一五
平井聖・菊池誠一ほか　二〇〇三　『ベトナム・ホイアン地域の考古学的研究』昭和女子大学国際文化研究所紀要vol.8
平戸市史編さん委員会編　一九九八　『平戸市史海外史料編Ⅲ』平戸市
平戸市史編さん委員会編　二〇〇〇　『平戸市史海外史料編Ⅱ』平戸市
文化庁　二〇〇二　『発掘された日本列島―二〇〇二新発見考古速報展』
文化庁　二〇〇五　『発掘された日本列島―二〇〇五新発見考古速報展』
宮崎貴夫　一九九五　『万才町遺跡』長崎県教育委員会
宮下雅史　一九九九　『興善町遺跡』長崎市教育委員会
宮下雅史　二〇〇一　『唐人屋敷跡』長崎市教育委員会
宮下雅史　二〇〇二　『磨屋町遺跡』長崎市教育委員会
森岡美子著　二〇〇一　『世界史の中の出島―日欧交通史上長崎の果たした役割』
八百啓介著　一九九八　『近世オランダ貿易と鎖国』
山脇悌二郎著　一九八〇　『長崎のオランダ商館―世界のなかの鎖国日本』中公新書五七九
D. H. Duco　2003　Merken en merkenrecht van de pijpenmakers in Gouda

あとがき

出島和蘭商館跡の発掘調査および展示業務の担当となって六年の歳月が過ぎた。それまで長崎市中の近世遺跡の緊急発掘調査を担当し、華やかで、自由な空気感と中国、東南アジア、ポルトガルを初めとする西洋が混在する多国籍な長崎らしさを遺跡から感じていた私にとっては、出島は囲われた島という印象から、窮屈な感じを受け、しかもあまりに特異な環境下の遺跡であるため、どのように比較研究していったらいいのかと、漠然と考えることもあった。

実際に発掘調査に着手すると、薄い土層のなかに凝縮された営みがあり、刻々と変わる状況に翻弄されながら日々を過ごし、いつしか出島に吹く風に往時のオランダ船の訪れを感じるようになった。

すでに、あまりにも膨大なこれまでの日蘭研究と、出島を巡る諸研究の蓄積があり、これらの諸研究に発掘調査成果をどのように連携することができるのかというのが、次にぶつかった壁であった。この壁については、いまだに乗り越えていない。それぞれの専門分野にて、完結している考え方があるため、諸説が立ち並ぶという状況にあるのだと考えている。

発掘調査において確認されたさまざまな事象は、多岐に渡り、また特異な状況が往々に含まれるため、その検討、位置づけについては、それぞれの専門家に委ねさせていただいた。あまりにもお世話になった先生が多いため、ここにお名前を列記することができないことをご容赦いただきたい。諸先生方には、本当にあらゆる立場、見識から、さまざまなご教授をいただいた。もともと私の器量では荷が重過ぎる職責であったため、なかなか要領を得ない私に手解きをしていただいた先生方には、心から感謝している。

これらのさまざまな知見が集約し、それらを総合的に関連付けることが、私に課せられた役目であることは承知していたが、充分にそれを行うことができず、ある部分では空中分解してしまった感もある。しかしながら、出島の遺跡の価値を考えると、この遺跡の大きさと、学術的な成果は共有され、皆で論じるべきであるという思いが浮かび、一人で気負うことはないのだと自分を納得させたこともあった。

今後、この本の刊行と前後して、第Ⅱ期事業の発掘調査、建造物、石垣修復の三件の報告書が、長崎市より刊行される予定である。筆がいたらず、読者には不明な点が多々あるかと思うが、詳しくはその報告に譲ることを、ご容赦いただきたい。

最後に、この六年間の発掘調査を担当するにあたり、いっしょに現場のなかで苦楽を供にした後輩たちがいる。彼女たちには、皆、同じ視点で出島のことを考え、日々の業務に取り組んでいただいた。第Ⅰ期事業の担当で、発掘調査の前任者であった古賀朋緒氏、三番蔵、拝礼筆者蘭人部屋の発掘調査担当であった奥由紀子氏、カピタン部屋、乙名部屋、南側護岸石垣の発掘調査担当であった下田幹子氏、南側護岸石垣および発掘調査報告書作成の担当であった豊田亜貴子氏、そして私の女性パワーで、出島の発掘調査に取り組んだことを記して、筆をおく。

菊池徹夫
坂井秀弥　企画・監修「日本の遺跡」

28　長崎出島《ながさきでじま》

■著者略歴■

山口美由紀（やまぐち・みゆき）

1969年、長崎県生まれ

広島大学文学部史学科考古学専攻卒業

現在、長崎市文化観光部出島復元整備室学芸員

主要論文等

「出島和蘭商館跡」『月刊考古学ジャーナル　2月号』ニューサイエンス社　2000年

「出島和蘭商館跡出土の亀山焼磁器について」『国指定史跡　出島和蘭商館跡』長崎市教育委員会　2001年

「出島和蘭商館跡出土のオランダ東インド会社関連貨幣」『出土銭貨』第20号　出土銭貨研究会　2004年

「甦る出島—出島復元整備第Ⅱ期事業を中心に—」『仁川と環黄海ネットワーク』（財）仁川文化財団・国立大学法人佐賀大学地域学歴史文化研究センター　2007年

2008年6月5日発行

著　者　山口美由紀
発行者　山脇洋亮
印刷者　亜細亜印刷㈱

発行所　東京都千代田区飯田橋4-4-8　東京中央ビル内　（株）同成社
TEL 03-3239-1467　振替 00140-0-20618

ISBN978-4-88621-439-3 C3321

シリーズ　日本の遺跡

菊池徹夫・坂井秀弥　企画・監修　　四六判・定価各1890円

【既刊】

①西都原古墳群　南九州屈指の大古墳群　北郷泰道
②吉野ヶ里遺跡　復元された弥生大集落　七田忠昭
③虎塚古墳　関東の彩色壁画古墳　鴨志田篤二
④六郷山と田染荘遺跡　九州国東の寺院と荘園遺跡　櫻井成昭
⑤瀬戸窯跡群　歴史を刻む日本の代表的窯跡群　藤澤良祐
⑥宇治遺跡群　藤原氏が残した平安王朝遺跡　杉本　宏
⑦今城塚と三島古墳群　摂津・淀川北岸の真の継体陵　森田克行
⑧加茂遺跡　大型建物をもつ畿内の弥生大集落　岡野慶隆
⑨伊勢斎宮跡　今に蘇る斎王の宮殿　泉　雄二
⑩白河郡衙遺跡群　古代東国行政の一大中心地　鈴木　功
⑪山陽道駅家跡　西日本を支えた古代の道と駅　岸本道昭
⑫秋田城跡　最北の古代城柵　伊藤武士
⑬常呂遺跡群　先史オホーツク沿岸の大遺跡群　武田　修
⑭両宮山古墳　二重濠をもつ吉備の首長墓　宇垣匡雅
⑮奥山荘城館遺跡　中世越後の荘園と館群　水澤幸一
⑯妻木晩田遺跡　甦る山陰弥生集落の大景観　高田健一
⑰宮畑遺跡　南東北の縄文大集落　斎藤義弘
⑱王塚・千坊山遺跡群　富山平野の弥生墳丘墓と古墳群　大野英子
⑲根城跡　陸奥の戦国大名南部氏の本拠地　佐々木浩一
⑳日根荘遺跡　和泉に残る中世荘園の景観　鈴木陽一
㉑昼飯大塚古墳　美濃最大の前方後円墳　中井正幸
㉒大知波峠廃寺跡　三河・遠江の古代山林寺院　後藤建一
㉓寺野東遺跡　環状盛土をもつ関東の縄文集落　江原・初山
㉔長者ケ原遺跡　縄文時代北陸の玉作集落　木島・寺崎・山岸
㉕侍塚古墳と那須国造碑　下野の前方後方墳と古代石碑　眞保昌弘
㉖名護屋城跡　文禄・慶長の役の軍事拠点　高瀬哲郎
㉗五稜郭　幕末対外政策の北の拠点　田原良信
㉘長崎出島　甦るオランダ商館　山口美由紀